广播电影电视部统编教材

电视专题（修订版）

DIANSHIZHUANGTI

高鑫 周文 著

中国广播影视出版社

图书在版编目（CIP）数据

电视专题／高鑫，周文著．—修订本．—北京：中国广播影视出版社，2008.7（2016.9 重印）
广播电影电视部统编教材
ISBN 978 - 7 - 5043 - 3095 - 6

Ⅰ. 电… Ⅱ. ①高…②周… Ⅲ. 电视节目—制作—高等学校—教材 Ⅳ. G222.3

中国版本图书馆 CIP 数据核字（2008）第 046138 号

电 视 专 题（修订版）

高 鑫 周文 著

责任编辑	樊丽萍
封面设计	亚里斯
责任校对	张 哲

出版发行	中国广播影视出版社
电　话	010 - 86093580　010 - 86093583
社　址	北京市西城区真武庙二条 9 号
邮　编	100045
网　址	www. crtp. com. cn
电子信箱	crtp8@ sina. com

经　销	全国各地新华书店
印　刷	涿州市京南印刷厂

开　本	787 毫米×1092 毫米　1/16
字　数	200（千）字
印　张	11
版　次	2008 年 7 月第 2 版　2016 年 9 月第 3 次印刷
印　数	9001 - 14000 册

书　号	ISBN 978 - 7 - 5043 - 3095 - 6
定　价	22.00 元

序

刘爱清

　　广播电影电视部统编系列教材《电视概论》、《电视新闻》、《电视专题》、《电视摄像》、《电视照明》、《电视画面编辑》、《电视采访与写作》、《电视音乐音响》、《电视节目制作技术》、《广播电视概论》共 10 本书，是在 1997 年 8 月出版的。这套教材作为主管部门统编的规范性教材，主要对象本来是广播电视系统的高等院校和中专学校的广播电视专业的学生，但在广播电视事业发展的影响和带动下，国内许多高校竞相开办广播电视专业，这套教材也就陆续走进许多高校的广播电视院系。尽管这套教材存在不尽如人意之处，但在那学生年年热招、专业教师奇缺的年代里，它不仅在最初起到了救急的作用，而且为后来的学科建设、师资队伍建设和广播电视专业人才的培养发挥了历史性的作用。

　　一晃 10 年过去了，形势和国情都发生了很大变化，广播电视的发展变化更大。首先在体制上广播电影电视部在 1998 年的国务院机构改革中改为国家广播电影电视总局，所属的院校也在全国高校体制改革中全部划出。但社会上的广播电视教育事业方兴未艾，办学布点不断增加，招生规模不断扩大。广播电视教育事业的持续发展印证了广播电视事业在飞速发展。10 年来，我国广播电视的事业规模迅速扩大，节目套数不断增加；以频道专业化、栏目品牌化、节目精品化和制播分离为目标的运作体制改革不断深入；高新技术的广泛采用，使广播电视的制作水平和播出质量大大提高，传输手段和覆盖效果大大改善。广播电视作为我国当代的主流媒体，经济实力明显增强，创新能力明显提高，社会影响力越来越大。如今，我国广播电视已进入一个由模拟技术向数字技术的转换时期，进入一个向新兴媒体延伸扩展进而升级换代的时期。当前，有线电视的数字化、地面无线广播电视的数字化、广播电视台内部制作播出的数字化正在加速进行；数字高清晰度电视已经开播；直播卫星的使用将进一步优化广播电视的传输覆盖体系。数字技术和网络技术的迅猛发展，使得新兴媒体异军突起，并呈现出强劲的发展态势。网络电视、IP 电视、手机电视、楼宇电视、移动电视等新媒体竞相开办视频业务，使传统的广播电视媒体倍感压力。另外，随着对外开放的扩大，境外的传媒巨人也以重兵压境之势进军我国，对我国本土的广播电视形成冲击。我国广播电视面临内挤外压的严峻挑战和激烈竞争，但同时也进入一个大发展大繁荣的历史机遇期。

广播电视所处的新时期和面临的新任务，呼唤大批新型的高素质的广播电视专业人才，而新型高素质专业人才的培养，呼唤教育教学的改革与创新。在教育教学改革中，教材的改革与创新具有十分重要的意义。从教育教学改革的角度审视 10 年前的教材，再从广播电视的现状和改革发展的要求衡量 10 年前的教材，就会明显地感觉到教材建设的相对滞后。当时的认识和看法，当时的概括和阐述，甚至当时还很先进的设备和技术技能，现在已经部分地落后于实践的嬗变甚至早已陈旧过时，因此教材的修改势在必行。同时，在广播电视不断变革发展的实践中，人们不仅总结了许多新鲜经验，在理论上和技术上有许多创新，而且对广播电视的性质、功能、地位和作用也有了新的比较深刻和全面的认识，这些新鲜经验、理论创新和新的比较成熟的认识也应在修订的教材中有所反映。

基于上述理由，中国广播电视出版社本着与时俱进、适应需求的原则，决定修订并再版这套教材。这次修订原则上由原作者自行改动。在原作的体例、框架、结构和主要内容基本不变的前提下，主要是更新统计数据，调整讲解案例，删除过时和相对落后的内容，充实新概念、新理论和新知识，吸收新鲜的成功经验，增加新技术的应用，反映广播电视的最新状况，体现广播电视的创新成果。修订再版的这套教材将更具专业性、针对性和实用性；更加贴近时代要求，贴近广播电视的实际；更加符合事业发展的要求，符合培养高素质专业人才的要求。相信这套再版的教材能够最大限度地满足广播电视大中专院校教学的需要，最大限度地满足各级电视台培训从业人员的需要，最大限度地满足社会上希望了解广播电视工作内容和流程的广大读者的需要。

由于水平有限和时间紧促，书中的不当之处在所难免，敬请读者批评指正。

2008 年 6 月 22 日

（作者系原广播电影电视部教育司司长）

目　录

绪　　论

【内容提要】

　　中国电视专题节目分报道、栏目、非栏目、其他四类。

　　鉴于专题节目的丰富多彩和现代社会的多元思维，本文采用了以节目的构成和表现形式为主的多标准分类方法。

　　专题片与纪录片均为专题节目的主要形态，是从两种角度、以两种标准对同一节目形态的两种认识。

　　电视专题节目是指主题相对统一，能对主题作全面、详尽、深入的反映，与综合节目相对应的一种电视节目。

　　在电视三大支柱节目——新闻节目、专题节目、文艺节目中，专题节目兼有新闻节目的真实性和文艺节目的艺术性；内容上包罗万象，涵盖大千世界；形式上广收博取，集电视各种表现手法、技法之大成；功能齐全，被称作"信息窗、知识库、百花园、服务台"。总之，电视专题节目能充分发挥电视优势，极具电视特色，是荧屏上主要节目形态之一。

一、专题节目的分类

　　改革开放以来，特别是 20 世纪 90 年代后期，随着电视技术的突飞猛进，人们思想观念的更新，对电视特性认识的加深和技术运用的更加自如，我国电视专题节目的创作日渐成熟，显示出独特的魅力，越来越被人们关注。

　　然而，关于专题节目的界定、分类，电视界却众说纷纭，莫衷一是，与专题节目的蓬勃发展很不协调。为了理论研究的方便，为了更好地指导创作实践，由中央电视台研究室主持，邀请全国电视界部分专题节目编导和学术界专家（100 多人次），于 1992 年 11 月、1993 年 4 月和 11 月分别在北京、浙江省舟山和湖北省宜昌，举行了三次中国电视专题节目分类和界定的研讨活动。本着"涵盖周全，分类准确，界定周密，表述精当"的原则，三次会议对纷繁复杂的电视专题节目形态作了归纳和整理，并对其所具有的内涵和外延进行了概念表述，成为我国电视理论建设中的一项重要的理论成果。具体内容见下表（转引自《中国电视专题节目界定——研讨论文集锦》）。

中国电视专题节目界定分类条目简表

一、报道类（含纪录片）

（一）纪实型
  1. 新闻性
  2. 文献性
  3. 文化性
  4. 综合性

（二）创意型
  1. 抒情性
  2. 表现性
  3. 哲理性
  4. 愉悦性

（三）政论型
  1. 评述性
  2. 思辨性
  3. 论证性

（四）访谈型
  1. 对话性
  2. 专访性
  3. 座谈性

（五）讲话型
  1. 报告性　2. 发布性　3. 礼仪性

二、栏目类

（一）对象型
  1. 军人节目
  2. 青少年节目
  3. 老年节目
  4. 妇女节目
  5. 残疾人节目
  6. 少数民族节目
  7. 港澳台胞节目
  8. 对外节目

（二）公共型
  1. 社会节目
  2. 经济节目
  3. 文化节目
  4. 体育节目
  5. 科技节目
  6. 卫生节目

（三）服务型
  1. 公益性
    （1）天气预报
    （2）股市行情
    （3）寻人启事
    （4）广而告之
    （5）节目预报
  2. 指导性
    （1）示范节目
    （2）时令节目

三、非栏目类

（一）特别节目型
（二）系列节目型
（三）连续节目型

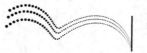
（四）竞赛型
　　1. 益智性　2. 娱乐性　3. 技能性

四、其他类

（一）主持人节目　　　　　　　　（二）节目主持人

二、分类标准

　　关于界定成果，广大电视学者评述颇多，笔者在此仅就分类标准谈点认识。

　　"人怎样提问，自然就怎样回答。"分类的基础是标准，亦即认识事物和衡量事物的尺度。标准决定着事物质的规定性。即便是同一事物，如果标准不同，也会得出不同甚至相反的结论。标准选择是分类的关键。

　　专题节目界定会上，曾以三种标准来分类。（1）以创作形式分：专题类、综合类；（2）以功能服务性分：服务类、教学类；（3）以播出形式分：栏目类、非栏目类。显而易见，若单以其中之一作分类标准，难以"涵盖周全"。最后决定，采用以节目的构成和表现形式为主的多标准进行分类，如上表所示。结果虽未必尽善尽美，但它却体现了一种科学的现代观念。或许并非自觉，面对专题节目的繁复，很让人不知所措，叫人难斩"乱麻"。而最终以多标准、多向度解决了这个问题，多标准、多向度是现代思维的重要特点。

　　人类发展到 20 世纪，似乎一下子远离了近代与古代社会，有如重新开天辟地，开始了一种全新的生活。整个古代、近代社会奉为圭臬的"永恒"与"本质"受到怀疑和挑战，人们像当年哥伦布登上美洲大陆一样，惊喜地发现：这个世界并不像圣哲们几千年来规定的那样，而是另一番景象，至少是别有洞天。这是因为我们采用了与古人不同的认识世界的标准。如果说古人是站在地球上看地球，我们则不仅仅站在地球上，还站在月球上看。但是，我们不能因此就说古人错误，也不能自大地以为我们就完美无缺。"横看成岭侧成峰，远近高低各不同"，每一个角度都能反映事物的特征，却又只能反映其众多特征之一。当我们将这些从不同标准、不同角度得来的特征聚合在一起的时候，一个完整的事物就出现了。

　　电视专题节目是个"庞然大物"，是个复杂的"系统工程"，任何单一标准都无法将它概括。简单化的分类标准只会成为专题节目活泼"个性"的桎梏。当采用多标准作"面面观"时，专题节目内容的广博、形式的千变万化才会摇曳生姿，其整体面貌才丰满，专题节目才成为绕着圈子、从前后左右 360 度观看的立体的雕塑作品，而不只是一幅两维空间的平面图画。这时，在对专题节目的界定、分类上，我们也才真正摆脱传统的单一，走进电视的"场性"思维——全方位、多视点、多标准地考察事物。

《中国电视专题节目界定分类条目简表》的多标准、多角度具体表现在，对我国电视专题节目从类、型、性三级所作的金字塔形的立体分类。

比如在"类别"这一层面上，把专题节目分成报道类（含纪录片）、栏目类、非栏目类和其他四大类，这儿就有三种标准：报道类（含纪录片）主要依据专题节目的构成——是以报道的形式；栏目类与非栏目类是依据节目播出方式；其他类列举了"主持人节目"与"节目主持人"，却是依据节目的传播方式。

如果再仔细观察，可以看到，绝大多数专题节目都可以在上述几种大类中分别找到自己的位置，也就是说，按上述任何一种标准都可以把电视屏幕上绝大部分节目囊括进去。这表明：三种标准既各自独立却又相互包容。报道需要在栏目中播出，需要主持人主持；栏目需要报道作节目形式，需要主持人传播；主持人是报道常见形式，是栏目的主人。尽管三者交叉、融汇，但仍需从三个标准去分类，否则就不全面，就只能看到专题节目三个面孔的其中之一。当用三个标准同时对专题节目来界定、分类时，我们看到，报道类（含纪录片）着重强调专题节目的真实性、深入性特征，栏目类与非栏目类着重体现专题节目的编排、播出的规范性特征，主持人节目和节目主持人则着重突出专题节目人格化传播的特征。这样，对专题节目的认识就全面、立体了。

多标准、多角度交叉，互相涵盖的分类标准，极好地适应了专题节目内容、形式、风格、手法的千变万化。

三、专题片与纪录片

专题片与纪录片的关系，历来争论颇多，至今悬而未决，其中以"等同说"、"从属说"、"独立说"、"怪胎说"为代表。

论争本身表明问题的存在。这主要是实践与理论的脱节。实践中，电视台编导及节目编排一般都称其为"专题片"、"专题节目"、"电视片"，学术讨论中大都称其为"电视纪录片"、"电视专题片"。

就实质来说，二者只不过一个是中国电视界约定俗成的称呼，一个是国外叫法而已。其实，就是国际上，对专题节目与纪录片的界定、分类也模糊不清。1992 年在北京举行的第九届中日电视艺术交流活动中，日方专家认为，纪录片和专题节目"界限越来越不清楚"，"有的叫纪录片、有的叫专题节目"，"追踪性的报道都属专题节目"（臧树清：《关于电视专题节目分类与界定问题》）。

专题片与纪录片的论争，一方面，使专题节目从传统的"画面配解说"单一模

式中走出来，进行了观念上、表现方法上的重要"革命"。另一方面，《望长城》的大获成功，却又将纪录片创作推到"为纪实而纪实"的另一种单一模式。

当"跟随、跟随、再跟随"的口号从响亮入耳发展到刺耳之时，当屏幕上到处是晃动的话筒时，当编导们的主体"意识流"全都淹没在纪实的"生活流"中时，当真实——真实的并非都是好的、美的——成为编导们的最高追求时，学者们似乎才觉得电视的缤纷色彩消失了，电视这个本该丰盛的宴席上，花色与拼盘是那样单调。我们因久吃桃子生厌而换成苹果时，有了"新欢"就忘了"旧情"，居然将"旧人"贬得一无是处。我们在批判一种旧有模式窒息了创作的活力时，不知不觉中又走进了另一个"窒息"的模式。矫枉过正似乎是人类通病。

于是，专家们才又纷纷撰文——事实上，钟大年冷静而理智的思考《纪实不等于真实》早就叫人振聋发聩了，说纪实只是纪录片的一种形态，纪录片也有创意，也包括政论，除了虚构，一切电视手法它都可以运用，在国外甚至出现了搬演。

这样一来，尽管在现阶段，纪录片的大好前景仍处展望中，仍停留在"学院"范围内，但是，在理论上，纪录片毕竟在内容、风格与形式上都大大扩充、丰富了，从而与专题片同一。

总的来看，专题片与纪录片一致。这是两个不同范畴的概念，不仅仅因为国内习惯与国际差异，我们更可以认为：这是从两种角度、以两种标准对同一种节目形态的两种认识。专题片称谓偏重于节目题材、主题的集中、统一和深入，纪录片称谓偏重于节目的创作风格和表现手法。二者并存更能全面地概括专题节目的特征，既有内容，又有形式、风格，而其中任何一个都只能涉及一面。

因此，本书基本上不对专题片和纪录片加以区别，二者同为专题节目的主要节目形态。

本章思考与练习题

试分析《中国电视专题节目界定分类条目简表》的分类标准的特点。

第 一 章
创作观念

【本章内容提要】

　　人是电视节目的灵魂；人的主导地位曾在历史上失落，今天得以重生；专题节目表现人的主题，关键在于个性化。

　　回归世俗、本真成为时代潮流，世俗是一种真实之美。专题节目的世俗化表现为平民化、生活化、普通化。

　　情感是专题节目的创作核心，创作者必须身入、心入、情入，深刻体验和发掘情感。情感的表达方式主要有细节、空镜头、特写、慢动作与定格等。

　　故事化是专题节目生动、形象的重要保证，也是娱乐化思潮的现实产物。情景再现让过去的历史重新复活，拓展了专题片与纪录片的表现领域。故事化与情景再现必须以真实为前提，不能超越这个底线。

　　专题节目成为高品位电视文化的代表，知识性构成其文化意识基础，发掘深义文化则揭示文化意识本质，而节目中文化意识的显示首要的是关注人。文化意识、文化品位主要受创作主体制约。

　　思辨意识使专题节目有重量，而观众也需要思辨。思辨、哲理的表现必须形象化，应与情感相结合。

　　专题节目创作者应有审美意识，真必须上升到美。一部作品的美包括内容与形式两方面。内容美是内在的、本质的，形式美则是人的本质力量的对象化。内容美与形式美必须统一，内容即形式，形式即内容。

　　风格是观照世界的方式，作品风格受创作主体、时代影响很大，从而显出多样性。风格的形式是创作者日趋成熟的表现。

第一节　人的主题

　　人是宇宙的菁华，万物的灵长。

　　　　　　　　　　　——莎士比亚《哈姆雷特》

一、认识人类自己

苏格拉底在两千多年前留下箴言："认识你自己。"

千百年来，哲学家、艺术家一直在探索：人从何处来？来干什么？向何处去？关于人的思考从未中断过。古希腊神话中狮身人面女妖斯芬克司把人看作早上四足、中午两足、傍晚三足的动物，莎士比亚借哈姆雷特之口激昂地宣称："人是宇宙的菁华，万物的灵长。"到卡夫卡笔下人则异化成甲虫……

尽管林林总总，有悲观有乐观，人类历史总是浩荡地前进。古希腊哲学家普罗泰戈拉曾说："人是万物的尺度。"世界因人而生机勃勃，因人而有意义。想那开放在荒山野岭的鲜花，孤芳自赏，自生自灭，也就失去了价值。

人们常说爱情、生与死是艺术永恒的主题。实际上，当人不存在时，爱情、生与死又附丽于什么之上呢？

人才是真正的主题。

似乎，这一切都再明白不过。但曾经在漫长的岁月里，人们对自己这种"至尊"地位却一直不敢承受，只能战战兢兢地匍匐在大自然、神、宗教、政治、金钱等权威的脚下，卑怯地掩饰着、腐蚀着自己美丽的面孔。不用长篇累牍去回顾历史，就在今天，我们依然看到许多模糊不清的人生。

但随着时代的发展，人类终于开始理直气壮地洗去满脸尘埃，辨认真正的自己和人类。

与其他艺术作品相比，电视专题节目更适合也更努力地做着这一工作，并取得了较大的成绩。

二、人——专题片的主题

人，已成为当今中国电视专题节目的主题。

《沙与海》展示人在艰苦环境下的生活状况，片中人物有沙漠中沙枣树一样的品格。《远在北京的家》写农村姑娘进城当保姆，既有对外面世界的向往，又有艰辛与不安。《龙脊》写贫困偏远山区人们对知识的强烈渴求。《藏北人家》以油画般画面介绍了藏民宁静、安详的生活……

例子不胜枚举，我们脑中的形象太多太多，他们是一群崭新的带着清新香味的形象，共同构成了丰富多彩的人的主题。人人都是一本书，电视专题节目担当着翻阅、发掘一本本书的责任。它们包括了人类生活的方方面面，大至政治、经济、文化等，小到日常生活的一点一滴，全方位、多层面地反映着人与自我、人与人、人与社会、人与自然的联系。这是专题节目的主体，人是直接的主角。

如果说上述主要是人物性、事件性专题节目，那么，我们看到，在事物、动物、风光类专题片中，人也是关注的焦点。39 集的大型专题片《大京九》是反映重大铁路工程建设的，题材重大，如何运用电视来表现，从思想深度、艺术揭示来说都至关重要。编导们京九采风五千里，深深感受到：2578 公里的京九线，一桥一洞，一轨一枕，都是人创造的，整个京九铁路就是 16 万英雄筑路工的化身。于是定下既拍工程更拍人的宗旨。以人来表现，编导抓住了实质。事实上，《话说长江》、《话说运河》、《望长城》莫不如此。风光片《庐山》，因主持人、旅游者、山民有机的介入而使"死"山"活"起来。获国际大奖的《回家》写熊猫与人的关系，寄托着人类对自由、和平宁静、天人合一的渴求。

历史题材也一样，要想使远去的历史生动再现，必须加入人物，否则便成死板的编年史。《让历史告诉未来》全套节目涉及有名有姓人物 229 人，其中正方 148 人，反方 37 人，外方 38 人，历史 6 人，中国近代史主要人物都包括了。

《失落的文明》主要是表现古文明的诞生、繁荣、衰落，但从中我们看到的更多是文明的创造者和毁灭者，编导给我们栩栩如生地展示了人作为文明的主体的作用。于是，我们看到，苏格拉底睿智地说："认识你自己。"面对渎神和教唆青年的指控，他泰然自若，没有像胆小鬼一样逃离城邦，而是镇静坦然地接受死亡。

不管何种题材节目，我们都必须给人以不可怀疑的中心意义。

三、主题人物的个性化

人成为主角，不仅表现在他处于直接或间接的中心地位，最重要的是他必须是充分个性化的人，这才是真正意义上的独立的人。

我国的电视专题片脱胎于电影新闻纪录片，初期的电视片《长江行》、《收租院》等，与新闻纪录片没有什么不同。而建国初期纪录电影代表作，中苏合拍的《中国人民的胜利》和《解放了的中国》，有苏联影视艺术风格的鲜明特征。同一时期的《抗美援朝》、《伟大的土地改革》、《百万农奴站起来》等，无疑都是社会主义现实主义文艺理论实践的杰作。这为我国电视片打下了基础，积累了经验，却也留下了沉重负担。从那以后的党和国家领导人、国务活动的新闻片，直到 20 世纪 80 年代初，都沿袭着纪录事件的模式，以纪录事件、介绍新闻、保存历史资料为主要目的。人物是次要的，也是笼统的，只是一个符号，凹陷而不突出，只是事件的执行者、表演者。

这种现象的改变从《雕塑家刘焕章》开始。经电视工作者的不懈努力，在今天的电视屏幕上，人物形象大多栩栩如生、呼之欲出，我们可以看到他们具体而真实的生活情况，看到他们的喜怒哀乐、道德情操和精神品格。《壁画后面的故事》中身患绝症的青年似乎就在我们面前，我们看见他对生的留恋、对死的坦然；《龙脊》里纯真的孩子似乎无时无刻不在向我们走来，调皮地玩笑着，对外界向往着；《最后的山神》中的老萨满孟金福执著于充任最后的山神……

《圆明园》虽然以还原、重现历史上辉煌的圆明园为主旨，但片中的人物因为个性特色鲜明，编导挖掘出许多鲜为人知的细节，因此给观众留下了深刻印象，比如全片的叙述者——宫廷画家郎世宁、八国联军随军牧师，比如康熙、雍正、乾隆。其中，雍正的形象有许多前人未曾表现过，除了说他是一个极端勤政的皇帝，关于建造圆明园，则告诉观众这是他内心深处精神理想的外化，即追慕江南、崇尚自然，渴望一个超脱的心灵，为此，片中还表现他常装扮成文人、书生模样过一种放浪山水的生活。

这些人物形象是令人难忘的，其魅力正在于他们不是概念，不是社会生活的抽象体现，不是社会学意义上的人，而是完全个性化的真实的形象，具有审美价值。

这种专题片中的个性化人物具有与文学艺术创作中塑造的典型同等的意义，也是典型，是"这一个"，是独一无二的。与"熟悉的陌生人"稍不同之处在于，他们是我们熟悉的，作为专题人物形象出现后，我们就更加熟悉他们了。

国外纪录片从一开始就注重人的表现，弗拉哈迪在他的经典之作《北方的纳努克》中，拍摄、构思的视角没有局限于对北极冰川景致和极地生活的真实再现，而是在纪录爱斯基摩人生活的同时注重对人的命运的表现。

虽然我们出发晚了点，但毕竟已经回归到人。我们不禁想起陈汉元先生为《话说运河》第一集《一撇一捺》所写的解说词，人们往往赞叹构思的巧妙，仿佛是神来之想。但如果我们假设，陈汉元先生构思出的是除"人"之外哪怕任何一个字，恐怕就不会得到那么多的赞美了。换言之，关键在那个"人"字上，它气势磅礴，纵贯华夏大地，不仅让运河、长城拟人化，有了血脉，像人一样站立起来；而且，最主要的，那"赫然"的"人"字正表达了人作为宇宙主宰的顶天立地的气概，表现了人们对人自身这一主题发现的惊喜与欢呼。

陈先生的想象、人们的赞为绝唱与我国专题节目都走到老而常新的"人"面前，恐怕不仅仅是一种偶然。

第二节　世　俗　化

高处不胜寒，起舞弄清影，何似在人间。

——苏轼

一、回归世俗

随着人自身的复归，人的活动也就复归于本真。《望长城》总摄影师用四个字概括《望长城》："归真返璞。"

科技的发展，已使电视具备与生活同步还原的能力。当我们打开电视时，除了可看到电视剧、音乐、电影外，占据屏幕绝大部分时间的是生活本身，是逼真的生活。比如天气预报、商场购物指南、蔬菜食品价格、健美五分钟、点歌台、热线电话……节目与生活"叶叶相覆盖，枝枝相交通"。有人说电视已成为人们家庭中不可缺少的成员、生活中不可缺少的伙伴，似乎并不为过。

人类历史上从来没有哪一时代，世俗化这样深切地渗透到了我们生活的传媒之中。今天，从技术上、观念上，它都为人们所广泛接受。走到这一步并不容易。

轰动一时的《北京人在纽约》中有这样一句流传很广的话：如果你想要你的孩子去天堂，那么送他去美国；如果你想要你的孩子去地狱，那么也送他去美国。美国既是天堂，也是地狱。天堂与地狱并无区别，都是美国。人类自诞生之日起就孜孜以求着天堂，惴惴恐惧于地狱，唯独对现实的世俗世界视而不见，甚至视为无边苦海。只有在天堂的渺渺无望、地狱的依然阴森之际，人们才模模糊糊地认识到天堂与地狱并无本质差异，都是虚幻，也才有点无可奈何地正视世俗的坚实与丰厚。

虽有些无可奈何，但进步却非同寻常——人终于回到大地上来，并渐渐认识到世俗现实的美。在这一过程中，电视的功绩无可比拟，而电视专题节目，更是执著的先锋。

世俗化成为电视的基本特征之一。

二、世俗化的表现

世俗化首先表现在平民化，即专题节目主人公绝大部分都是名不见经传的平常百姓、无名小卒。

《沙与海》中一家是沙漠中的牧民、一家是海边渔民；《龙脊》中是一群生活在偏僻农村的孩子及其家长；《壁画后面的故事》是一个普通的患绝症的青年；《远在北京的家》是一群到北京打工当保姆的乡下姑娘……

这些人再普通不过。《生活空间》的宗旨——"讲述老百姓自己的故事"，最集中、鲜明地概括了当下专题节目平民化趋向。我们每一个人都可以说："给我一个镜头，让我看看自己。"

世俗化的第二个表现是生活化、日常化。前边所举诸如购物指南、点歌台等是一个方面。而最关键的是要表现原汁原味、未经雕琢的生活，平平常常、普普通通的生活；美也好，丑也好，生动也罢，乏味也罢，只要是真实的生活。《藏北人家》不过是描述了一家藏民简单枯燥的日常生活；《远在北京的家》不过追踪了一群农村姑娘当保姆的经历；《山洞里的村庄》也不过是对一个偏远山区人们安装电线经过的客观纪录……

但在这些极为平淡的记叙中，却淡淡地渗透出浓浓的情感，表现出人们的悲欢、苦乐与追求。《壁画后面的故事》中有年轻生命对生的渴望、对死的坦然，有心灵的净化；《重逢的日子》里有夫妻几十年后重逢的喜悦，也有面临现实的矛盾；《半个世纪的爱》则揭示出人间爱的真谛与奇迹……

恢复伟人、展示名人真实面目是世俗化的第三个表现。在这里，我们看到了完全的、真实的伟人、名人，看到了他们作为平常人的一面。

浙江电视台1993年拍摄的《瞬间依然永恒》，以照片为线索记叙了毛泽东的某些方面。其中有一段对毛泽东女儿李讷的采访。李讷看到自己孩提时代的照片后，回忆了当时的情景。她说，当年父亲工作忙，总是忘了休息，常常是由她拉着父亲走出窑洞去散步。初时李讷一只手只能拉住父亲一根指头，后来能拉三根指头了。这时，毛泽东和蔼地对李讷说："你看，你一只手能拉着我三根指头，你长大啦。"这个细节反映了毛泽东作为普通人、作为父亲的情感。当除去一些神圣光环之后，伟大不是消失了，而是更加真实可信，更易于让人接受。像《朝阳与夕阳的对话》、《我所认识的乔羽》，都不只表现他们的成就，同时也表现他们的日常生活，比如，雷蕾一方面是著名作曲家，同时又是女儿、妻子、母亲，还得买菜、做饭。

这儿又使人记起曾产生较大影响的《雕塑家刘焕章》的遗憾。在亚广联会上放映时，外国编导、摄制者提出这样的普遍观点：为什么在节目里，刘焕章总是在工作？他太累了，太苦了。他还有其他方面的生活吗？比如社交、娱乐、业余爱好……我们希望看到一个活的艺术家。为什么不选择艺术家现实生活中的时空画面呢？整个片子结构局限于对刘焕章雕塑活动的程序介绍，使艺术家与观众有了距离感，并且有失真的危险。

三、世俗的美

世俗化是一种美学追求。

在普通人、平凡日常生活、伟人的普通活动中，我们在互相观照，产生一种亲近感、认同感，有一种世间的温馨。

我们想起国画中常见的葡萄、蔬菜。它们的清新、朴素、鲜嫩，与高雅之堂的梅、竹、兰相比，别有新意。

世俗化的专题节目正是国画中那一串串带着枝叶、滴着露珠的葡萄、蔬菜。

在今天，我们似乎更有理由明白一百多年前车尔尼雪夫斯基的名言——美即生活！

世俗即美。

第三节　情　感

艺术是情感的形式。

——苏珊·朗格

一、情感是专题节目的生命线

台湾电影《世上只有妈妈好》曾令观众泪洒衣衫，大陆电视连续剧《渴望》曾使观众牵肠挂肚、举国共谈……当电影、电视剧殚精竭虑编造动人的情感梦幻时，电视专题节目却像信手拈来似的在生活中拾取着颗颗情感的珍珠，其震撼力令虚构的影视剧望尘莫及。

当我们迈进具体的节目时，那丰富多彩的情感让我们目不暇接。《母亲，别无选择》、《一个农村妈妈和她的三个孩子》、《皮律师和她的儿子》表现的母子情，《特区自有真情在》中海南某陶瓷厂职工吕钟俊父女双双身患癌症后互让生命的父女情以及社会捐助的人间真情，《半个世纪的爱》中历久弥深弥醇的爱情，《重逢的日子》中复杂的百感交集之情，《壁画后面的故事》中对生命的热爱之情，《西藏的诱惑》中对理想、对艺术的执著之情……还有赤子爱国情、悠悠故乡情……

电视走向栏目化、固定化、对象化，现场直播、观众采访、热线电话等，这些形式本身便是一种广义的情感交流方式。栏目如《半边天》、《夕阳红》、《银手杖》，晚会如《大地深情》、《风雨同舟》、《人间正道是沧桑》等，其寓意性很强的名称本身也已包含着深厚的情感。连《人与自然》栏目，赵忠祥也这样说，要首先给人以美感，再引发爱心，即宗旨是爱自然的情感。

或许是情感被压抑得太久太久，或许是金钱已将情感冲击得七零八落，所以人们才这样强烈地呼唤真情。

不用再举例，情感已挤入到电视屏幕的每一个角落。情感成为电视专题节目的重要主题。

二、情感的体验与物化

情感是艺术创作的基础，也是创作的核心。

苏珊·朗格曾说："艺术品是将情感呈现出来供人观赏的，是由情感转化成的可见的或可听的形式。"

前苏联伊戈尔·别利亚夫在《纪录片中的形象》中写道："我的原则是只纪录那些触动我心弦的东西。"

有人类、有生命的地方，便会有情感。一举手一投足，一颦一笑，无不流露出情感。情感是普遍存在的。

对创作者来说，最主要的是对情感的发掘，对情感的体验，做到身入、心入、情入。王国维说："大家之作，其言情也必沁人心脾，其写景也必豁人耳目。其辞脱口而出，又无矫揉装束之态。以其所见者真，所知者深也。"创作者的情感体验至关重要，要使作品感动别人，首先必须自己被感动。托尔斯泰曾讲："艺术起源于一个人为了把自己体验过的情感传达给别人，于是在自己心中重新唤起这种情感，并用某种外在的标志表现出来。"

专题节目应注入创作者的情感，所谓纯客观的"零度情感"是不存在的，纯纪实的纪录片也不例外。如果孙曾田没有长时间深入到鄂伦春人中，没有理解、体验到老萨满在新旧交替时代的复杂感情，他将拍摄不出《最后的山神》。如果郑鸣不

能体验人间之爱和老夫妇们的相濡以沫，他将制作不出《半个世纪的爱》。如果没有对孩子们的爱、对落后山区的关心，陈晓卿又怎能在那艰苦的地方待半年之久去拍摄出《龙脊》呢？

在发掘并体验到情感之后，创作者必须将情感物化，因为情感是一种心理现象，具有抽象性，应有一个实体，它可以承载情感。这就像相思红豆，既是一个实在的红色植物果实，又是爱情的象征。情感的物化对象可以是人，可以是物，也可以渗透在片子的整体。《最后的山神》中老萨满孟金福、山神雕像都是情感物化对象。

三、情感的表达方式

在电视专题片中，情感的表达方式很多。

细节。这是最常见也最具感染力的一种。12集专题片《毛泽东》成功地运用细节，很出色地塑造了毛泽东形象。比如毛泽东临时邀请赫鲁晓夫游泳，表现他的好胜性格和对苏联提出在中国建联合舰队的不满意；1973年党的十大上毛泽东最后离开会场，表露出他晚年岁月的心境。

空镜头画面。几乎所有事物，只要与表现的主体密切相关，我们就可以赋予它情感，使主体得以升华，人物情感得以延伸。《方荣翔》开篇是一个剧场舞台空镜头，画外是方荣翔的唱腔和观众的掌声、喝彩声。这个空镜头既表现了观众对方荣翔的热爱、呼唤，又有深深的怀念之情。《焦点访谈》有一期讲述一个偏远村庄自己开山修路，最后是一个长长的空镜头——老人饱含深情的追述之后，镜头顺着老人含泪的眼睛摇过去，久久地停在伸向远方的修好的路上。这与老人的回忆浑然一体，使人想起为修路死去的人、因无路不能及时医治而死的乡亲以及山里人渴求修路致富的未来的希望。无人胜有人，人去而情依旧。

特写。特写是"放大"，除了突出表现人和物体的局部特征外，重要的一点是通过"放大"展示人物的情感世界。贝拉·巴拉兹在《电影美学》中说："特写流露出一种难以言宣的渴望，对生活中的一切细枝末节的亲切关怀和火一般的感情。优秀的特写都是富有抒情味的，它们作用于我们的心灵，而不是我们的眼睛。"比如《搬家》中一连串老教授脚的特写，或走向教室，或漫步校园，或登宿舍楼，或去与人讨价还价……这些脚，既是老教授的一生岁月浓缩，又传达出一生奔波的艰辛，很感人。

慢动作与定格。有人称之为"时间的特写"，以改变时间长度的形式向观众强调，完全打破了物理时间而提纯为心理时间。慢镜头将时间延长，定格将时间停顿，从而造成心理时间的延伸，使情感得到升华，仿佛是向观众提醒说："请你好好看一看，仔细看一看。"慢动作与定格在电影中运用很多，它是情感表达的重要手段。《方荣翔》中方荣翔带病演出终于病倒，这时有两个慢动作加定格画面——观众身子前倾欲起，很突出地强调出观众的惊异、焦虑、担心，从而衬托出方荣翔以观众

13

为第一的高尚情操。《壁画后面的故事》中有较多慢镜头，给人一种让生命留住、让生命永恒的感觉，表现出对生命的热爱、留恋之情。

此外，情节、镜头蒙太奇组接、音乐、解说词都是表达情感的有效手段。

需要指出的是：情感必须以真实为前提，包括生活中的真人真事真景真情和创作者真实的内心体验。而在情感表达中，必须注意铺垫和积累，否则太突兀，反而会弄真成假。

毫无疑问，与虚构的影视剧的表现为主相比较，电视专题节目是再现性的。这使人想起英国美学家罗宾·乔治·科林伍德在《艺术原理》中的话，他将再现分为三个等级：第一等级是无所取舍的再现；第二等级是大胆选择后的再现；第三等级是专心致力于情感的再现，"完全抛弃刻板再现，但是创作依然是再现的，因为这一次它专心致力于情感的再现"。

我们的电视专题节目显然应该而且已经走向情感的再现。这不仅因为情感可以让观众产生共鸣、易于接受，还因为情感是人的最重要特征之一。那么，直接取材于情感矿藏的专题节目，更应时时处处充满丰富的情感。

我们必须有情感意识。情感的发掘、表达过程是一种审美过程。有两句诗这样说：

> 我们彼此成为彼此的信仰，
> 我们用生命彼此供养。

对电视专题节目创作者来说，我们与作品、与观众、与被表达对象的关系也应该这样，彼此信仰，彼此供养，而基础就是情感。

第四节 故 事 化

一、故事化方兴未艾

在专题片、纪录片的创作观念中，故事化无疑是近年影响较大的一种。

央视的《探索·发现》、《见证》、《财富故事》、《讲述》、《人与社会》，江西台的《传奇》，山东卫视的《天下故事》，等等，无不以故事取胜、唯故事马首是瞻。央视《今日说法》通过把法制事件进行故事化处理，用讲故事的方法进行法制宣传，收到了很好的效果。北京台的《法治进行时》直接重现案件故事，其可视性则更进一步。

最典型的或许要首推央视科教频道的《走近科学》。2005 年央视提出频道品牌化的概念，科教频道全新改版，各个栏目尝试使用故事化的叙事方式，大胆借鉴影视剧的情节、冲突、悬念、铺垫等手法，不少节目大都由一个新闻故事作为切入点，

进而讲述新闻故事背后的科学问题，采用抽丝剥茧、层层揭秘的方式，在故事的进行中将科学道理一点点阐释，使节目焕发出全新的生命，原本深奥、遥远的科学在身边日常的故事里一下子变得浅显、亲近，收视率大幅提高。其中《香妃之谜》一期在央视创造了一个收视奇迹。

除了上述电视栏目，这些年产生较大影响的专题与纪录片则更是故事化的实践者，比如《故宫》、《大国崛起》、《圆明园》、《复活的军团》、《狙击手》、《寻找彭加木》，等等，总之，故事化已成为今天电视人方兴未艾的一种追求。

所谓故事化，就是以故事的方式，在故事中刻画人物、展示事物、承载思想、揭示情感，故事是人物、事物、思想与情感的存在方式和载体。

任何一个人一出生就与故事相生相伴，小时候听别人的故事，然后是自己的成长故事。一生一世故事不断，只是有些精彩，富有戏剧性，有些平淡。点点滴滴，但都离不开故事，所谓有人就有故事。艺术源自生活，故事必定走进专题与纪录片中。

其实，在专题片、纪录片中讲故事早已有之，或者更准确一点说，纪录片一诞生就在讲故事，《火车进站》、《工厂大门》虽然简单，但是却最早纪录了当时人们的生活，弗拉哈迪的代表作《北方的纳努克》叙述了爱斯基摩人的生活故事，罗姆的经典作品《普通的法西斯》更是讲了法西斯许许多多令人发指、令人触目惊心和深深反思的故事。在我国，从上世纪90年代开始，像《望长城》、《藏北人家》、《最后的山神》、《远在北京的家》、《潜伏行动》、《三节草》、《平衡》，等等，也无不讲述故事。但是，由于长期画面配解说创作模式的禁锢，纪实的观念在当时或许更具里程碑意义，所以，纪实的势头压倒了其他一切，人人言必谈纪实，以致一度矫枉过正，故事化的重要性没有凸现出来。

在当代，对我国专题片、纪录片产生较大影响的一部系列片是英国广播公司拍摄的《失落的文明》，该系列片每集讲述一个曾经辉煌但后来消失或衰落的世界古文明，内容厚重有深度，最重要的是，在创作手法上，每一集都有一个片头作为切入点，这个片头就是一个故事，极有戏剧性和吸引力的故事，片子中间故事也很多。除了故事性强的特点，该系列片还大量运用情景再现的手法。《失落的文明》在1996年前后一经引进国内就产生巨大反响，在当时纪实一统天下的情况下，人们看到了不同的东西，讲故事与情景再现首次专门作为创作手法被提出来。很快，投资浩大的《人类的敦煌》、《中华文明》以之为楷模，讲故事、拍情景再现。

之后美国探索频道、历史频道与《60分钟》节目的引进与传播，在我国电视工作者、观众中也产生了很大影响，而且市场巨大。它们的一条基本原则就是永远重视故事所蕴涵的价值，特别注重讲故事的手法。比如《60分钟》由三个部分组成，每个部分都是一个故事，由一个记者出镜采访，并串联讲述整个故事，而三个故事中间则穿插广告，通过广告将不同风格品味的故事融合成一档节目。栏目执行主编丹·休伊特说："我对新闻的理解是：从未听说过的故事。《60分钟》所擅长的正是讲述这样的故事。"

"纪录片是讲求故事性的，应该如实地把一个故事的思想内涵表达得生动而完整，我觉得中国的纪录片还应该朝这方面努力。"2005中国国际纪录片大会评委会主席米歇尔·诺尔这样寄语中国的纪录片。

经过几年借鉴、摸索与操练，新千年之后，这种方法已在我国电视界逐渐成熟，并终于蔚然大观。

当然，除了创作本身的借鉴与摸索，就外部环境而言，本世纪以来，影视娱乐化浪潮也是故事化手法兴盛的一个非常重要的原因，专题片与纪录片故事化是市场的需要、观众的需要，也就是说是专题片与纪录片自身生存的需要。

二、故事化与悬念

故事化的最基本含义是指创作中要追求生动、形象，追求人物与事理在故事的过程中展开、发展，而不是枯燥、干巴、了无生趣的说教和直接得出结论。故事的讲法多种多样，因为故事本身就有许多类型，有的平静如水，有的激烈曲折，有的委婉动人，有的意味隽永，有的极为生活化，有的则令人拍案称奇。犹如鲜花、绿草与高山、大海，类型虽不同，故事对人对事的承载功能、表现功能是一样的，也就是说，编导的职责是从生活中发现、发掘具有意义的各种故事并讲述出来，但是其核心是人物与事理。

曾有一部片子讲了这样一个故事：一个人的父亲去世了，他极为悲伤，因为父亲对他非常好，但是过去他并不能理解，现在一切都不存在了，父亲的爱点点滴滴、点点滴滴地经常在他心里涌现，最后，为了忘却的纪念，他不辞辛苦到处向人请教，专门去相关大学和训练班学习写作，他的唯一目的就是：像朱自清那样，有一天自己能写一篇文章，完全地纪录自己心中的父亲，表达自己的深深怀念和爱。故事很简单，没有什么惊险刺激，讲述也朴实无华，但片子叙述的人物与事情却打动人心，其间蕴藏的人世真情早就流溢出来，令人感慨不已，比那些刻意制造的荡气回肠要更加触及心灵。

所以，故事化一定要真实自然，故事所蕴含的情感与思想才是其最终的目的。但是今天，专题片与纪录片创作的故事化几乎与戏剧性等同，即追求矛盾冲突、悬念、出人意料，等等，应该说，这是故事化的一个方面，在普通意义的娱乐与可看性层面有其重要价值。

央视《今日说法》有一期叫《石破天惊》，讲述村民发现了几块奇怪的石头，围绕如何处理这些石头，节目设置了一对主要的矛盾，即村民和地质学家的矛盾，村民要求就地保护，但是地质学家则坚持带走研究。节目中矛盾冲突的解决靠的是

政府部门的调解，调解无效强制解决，然后，法律专家分析强制解决的依据。

悬念被用得更普遍。

《失落的文明》每集的片头都是一个故事，而这故事其实是为全片设计的一个总悬念。比如玛雅文明一集，开头是一场类似今天足球的比赛，但它是非同寻常的，人人都是为生存和生命而战，激烈比赛过后，烟雾散尽，曾经的繁荣与强盛遽然消失，只留下空空荡荡的遗迹，而它的消亡原因成为后人长期的迷茫。接着，正片开始，又有许多小的悬念，编导慢慢地完整地一步步一层层解析这个谜团。

按照符号学的观点，悬念"是一种畸变的夸张的形式"，它一方面用延宕等手法维持一个开放性序列以及同观众的接触，强化并保持观众的期待；另一方面，悬念使逻辑受到畸变与混乱的威胁，观众又处于焦虑中。但悬念一次次揭开以至最终真相大白，逻辑混乱最后总是得到了缝合，于是观众又是快乐的。一句话，从观众心理来说，悬念就是一个期待、焦虑、释然而快乐的过程，观众是在以这样的心情享受这种逻辑的混乱。

央视《人与社会》2007年有一期节目，讲一个小孩几岁时被人拐卖到外地，一晃十六年过去了，他已二十多岁，结了婚，但是，一直以来，他从没放弃过寻找自己的生身母亲。因年纪很小就被拐卖，母亲的名字与家乡都已记得不太清楚，但是，在电视台的帮助下他依然开始了新一轮的寻母之旅。而母亲十六年前痛失儿子后，就天天在儿子当年被拐走的小学旁边摆小摊，期望儿子有一天能重新回来，十六年里不管风霜雨雪从不间断。经过许多波折，母子终于在母亲的小摊前相遇并得以相认。这期节目选题极富悬念，故事本身就很有吸引力，充满不可预知性，而这恰好构成令人揪心的悬念，让观众一直处于紧张的期待中。节目开始简单交代背景，把一个总悬念抛给观众，即十六年不见，母子还能认识吗？后面寻亲过程用纪实跟踪拍摄，一个个问题一个个困难都是悬念，直到最后很偶然相遇，悬念得以释怀。

世界悬念大师希区柯克曾经很形象地描述过悬念，他说，四个人在一起打扑克牌，在他们的桌子下面放一颗定时炸弹，五分钟后会爆炸，那么，导演在对炸弹的处理上可以分两种方式：事先让观众知道和不让观众知道。前者是悬念，后者是震惊、出乎意料，两者对观众产生的影响是不一样的，悬念具有持续的令人放心不下的效果，注重心理体验的过程性，震惊与出乎意料则注重强调结果的突发性与强烈程度，当然，结合起来则可以兼具两者的优点。因此，编导在具体结构专题片与纪录片时，应该从中得到启发，讲究叙事的技巧，把悬念真正用得恰到好处。

但是，近年来，有一种把悬念极端化的趋向，为了吸引观众、获得高收视率，有些编导人员在叙事上往往为故事而故事，故意人为设置悬念，甚至捕风捉影，把一点小事弄得悬之又悬、神乎其神，喊了半天狼来了最后却没有狼，雷声大雨点小，看后令人大呼上当，久而久之，观众也就不买账了。中央电视台《走近科学》就曾出现过这样的问题。比如，有一期讲某一村庄夜里会听到一种奇怪的声响，全村人担惊受怕，战战兢兢，都不敢睡觉，编导大肆渲染恐怖气氛，制造许多悬念，动用种种视听效果，把故事讲得非常神秘，但是，最后揭秘却只是村里一位老人半夜的呼噜声。还有一期节目，说某村一棵大树落了一地树叶，某一天早晨起来发现这些树叶一夜之间都没了，于是种种猜测、种种悬疑，结尾却告知观众是夜里被风吹走了。如此悬念，形式大于内容，甚或没有内容，形式与内容二者之间比例严重失衡，观众的期待成为泡影，编导也沦为"骗子"。

专题片、纪录片的最基本前提是真实，那么故事化、悬念都必须是有真实基础的，不能因追求娱乐、好看而破坏了真实的基本原则，不能将专题片、纪录片与虚构类的电影、电视剧的故事处理等同，否则将是本末倒置，专题片与纪录片的真正价值与品格也就失去了。

三、情景再现的出现

与故事化相关联，情景再现是另一个常见词汇。在故事化浪潮中，情景再现既是一种观念，也是故事化的重要手段。

专题片与纪录片讲故事的历史很悠久，情景再现同样不是今天突然空穴来风。在最经典的纪录片《北方的纳努克》里，弗拉哈迪就用了再现的方法去表现爱斯基摩人已失去和正在失去的生活。对美国探索频道与历史频道而言这也是常用的手法，但是对我国电视创作者来说，情景再现绝对是一个新的概念，虽然过去有摆拍，但其理念完全不一样。

如前面所述，1996年前后，正值纪实风格在我国影视界拨乱反正、大行其道之时，《失落的文明》被引进，挟其权威，该系列片在专题片与纪录片创作观念上给了我们巨大启示。最重要最直接的成果就是使情景再现观念与手法取得了合法性地位，从而打破了自《望长城》以来纪实方法一统天下直至独霸天下排斥别的创作方式的局面，专题片与纪录片的创作观念自此得到解放，逐步摆脱单纯的自然主义状态，从单一手段的桎梏中突围出来，开始寻求手段的多元化。由此可见，情景再现对我国电视专题片与纪录片的繁荣功不可没。

情景再现出现的具体创作背景是，在一窝蜂纪录当下日常生活的纪实片盛行之后，文化与历史题材纪录片开始兴起，并成为一股重要的潮流，这就需要表现过去的历史人物与事件，很显然纪实手法无能为力，不得不拓展新的方法。在国人还一筹莫展之时，情景再现应时出现，解决了难题。大家在《失落的文明》里看到了几千年前苏格拉底、柏拉图栩栩如生的形象，看到了玛雅文明的繁盛与残酷血腥——情景再现拓宽了专题片与纪录片的表现空间，让电视片创作在面对历史题材的时候也能够坚持"让画面说话"，不再局限于日常纪录，曾经的过往的人与事从时间的死海里再次复活，历史与现实都可纳入创作之中。

　　情景再现不仅弥补了影像资料的不足，更是为了强化作品的故事性，是故事化叙事的重要手段。近几年的《大国崛起》、《故宫》、《圆明园》等都追求故事化，大量运用情景再现，是这方面的代表作品。在《圆明园》里，我们看到了今人扮演的康熙、雍正和乾隆的生活细节与鲜为人知的故事，看到了作品结构的串联人和故事的叙述者——清朝宫廷画师、意大利人郎世宁和英法联军随军牧师，跟随他们了解到了圆明园的辉煌与耻辱，整个片子就是关于圆明园修建与被毁的故事。

　　四、情景再现应注意的问题

　　与故事化一样，情景再现作为创作观念与艺术手段，目的是展示真实人物与事件的鲜活，它与虚构类的电影、电视剧中的表演有本质上的区别，专题片与纪录片的情景再现、搬演必须以真实为依据，不能违背真实性原则。

　　关于情景再现本身，创作实践在突飞猛进，而争论也一直不断。

　　纪录片《唐山大地震》使用大量的情景再现和三维动画镜头来表现这场灾难的惨烈，但是，这些情景再现的镜头与真实的历史影像资料穿插在一起，观众感到困惑，视听混淆，削弱了其震撼性力量。媒体为此提出尖锐批评，认为纪录片缺乏"再现"标识，虽然今天的观众还能分出真假，但势必会给后人造成"真实"的陷阱。

　　美国探索发现频道的纪录片似乎走得更远，在一部表现中国秦始皇的片子里，几乎与电影、电视剧没有差异，情景逼真、人物逼真，秦始皇说话声音、发怒神态丝毫毕现。德国 2007 年一部获得大奖的纪录片完全用演员演出方式再现了几十年前的一次大洪水灾难，惟妙惟肖，耗资巨大，是电视纪录大片。而在名称上，德国导演称之为情节纪录片，是英语中纪录片与戏剧两个词语的结合。

　　在上海文广传媒集团纪实频道举行的一次有关纪录片创作多元化研讨会上，纪实频道主编应启明指出，纪录片面临生存问题，花五年十年实拍一部能在国际上获奖的纪录片，可能让专家叫好，但这种模式在电视台面对收视率压力时是难以持久的；国际上有 70% ～80% 的纪录片采用情景再现和三维特技等手段，而事实也证明这样的纪录片更能拥有高收视率。复旦大学教授吕新雨则表示，纪录片中关键性的场面不能"再现"，创作者对历史要有一种敬重感。中国纪录片委员会副会长时间说，情景再现的出现，主要目的是为了让纪录片变得更好看，这是娱乐化的时代需求，在国外，这一手段也十分流行，美国的《南北战争》就运用过，但这些仅是辅助手段，不能动摇纪录片本质的真实。

　　毫无疑问，情景再现对纪录片的真实性提出了挑战，从创作多元与市场、收视率来说，其存在是合理的，也是必然的。但无论怎样，真实是专题片与纪录片的本质属性，是其灵魂，必须保持这一底线，否则就不是纪录片了，观众将宁愿选择看电视剧。

在情景再现的具体处理上，我们认为，虚实结合写意为主、以局部代替整体的原则比较符合专题片与纪录片的真实性要求。

《失落的文明》情景再现部分较多采用镜头虚焦，颜色作旧，人物一般不出正面特写，即使有面部也都朦胧而模糊，或处于阴影中，大量的人物是一个背面，或是他的投影，或是他身体的局部特写。如庞贝古城的消亡，是用几个人奔逃的脚步、打碎的器皿、惊慌而模糊的面部特写来表现，虚实结合，一种遥远而神秘的历史气息油然而生。至于声音，压根就不让古人说话，试想一想，古人的样子我们可以想象，而一旦他说话，就太"真实"了，而这样的真实反倒是虚假，因为那根本不可能听见。专题片与纪录片里古人一说话会吓人一大跳，犹如看到古人一双炯炯有神的大眼睛冲你微笑一样。

在《故宫》里，表现搬运石料这一史实时，编导使用数字特技描绘出了浩浩荡荡的搬运队伍，营造出一个大的氛围，同时，使用车轮、马蹄等具有普适意义的局部特写指代那些拿不准的特殊影像细节，这样，就在真实和再现之间找到了一个平衡点。

最后，需要再次强调，不管故事化还是情景再现，它们是一种创作观念，但更主要的是一种创作手段，它们不是目的，目的是更好地为主题服务。

第五节　风格化

我们可以说，今天的电影已不再是语言和
演出，而变成了风格和思考。

——马尔丹

一、风格的多样性

风格是创作者对生活和世界的观照方式。文学史上著名的人文主义、浪漫主义、批判现实主义，便是典型的观照世界的不同方式。

马克思在《评普鲁士最近的书报检查令》中写道，"每一滴露水在太阳的照耀下都闪耀着无穷无尽的色彩"，为什么"精神的太阳"只准产生一种色彩？强制"精神只能有一种存在形式"，等于要求玫瑰花和紫罗兰散发出同样的芳香。风格是多种多样的，犹如世界上没有两片完全相同的树叶一样，也没有完全相同的两个人。每一个人都以自己特有的方式观察着世界、反映着世界、表现着世界，从而形成丰富多样的、完全不同的风格。

随着我国电视事业的发展，在电视专题节目，特别是专题片、纪录片的创作中，当真实成为大家共同的追求，当纪实方法被大家普遍接受之后，主体的个人风格便

显得重要了。只有当各具特色的个人风格在作品中形成时，创作者才会有创造艺术品的快乐，观众才能看到五彩缤纷的节目。

作品风格形成于作品的总体面貌。而贯穿于创作者全部创作中最能体现总体面貌的，则是创作者精神个性与审美形式的独特性，因为成熟的、杰出的创作者总是以自己独特的审美角度、艺术方法与技巧，去表现那些自认为最有价值、最值得表现、得心应手、符合自身的精神个性和情感体验的东西。他们在审视作品内容的社会历史内涵与情感、思想的个性特征的同时，总是选择、创造那种与特定审美意蕴相契合的艺术形式和技巧，以构成具有较高审美价值和鲜明艺术风格的作品。

也即说，作品风格体现在内容与形式上。

我们看到，在电视专题节目创作中，不少编导者已逐渐形成自己独特的个人风格。

从内容选择、主题提炼来看，康健宁（《沙与海》创作者）注重对人性的把握，注意挖掘哲学深度；刘郎（《西藏的诱惑》创作者）注重主观情感表现，注重文化意识和哲理探索；祝丽华（《壁画后面的故事》创作者）注重人性美的追求；郑鸣（《半个世纪的爱》、《往事歌谣》创作者）流露出浓郁的世俗温情；王海兵（《藏北人家》、《回家》创作者）关注人与自然的和谐，有深厚的人文意味；陈晓卿（《远在北京的家》、《龙脊》创作者）对平凡人物的生活怀着尊敬……

从形式来看，康健宁显得大气、从容不迫，纪实中不乏写意；刘郎诗情画意，唯美是求；郑鸣、陈晓卿等严格纪实，隐而不露……

总的来说，当前电视专题节目的个人风格虽然有不少体现，但并不太丰富，特别是在形式与技巧方面，或者囿于纪实之故，难有突破。我们的编导者应加强这方面的认识，只有风格化才有自己，才能具有生命力。

二、风格与个性

西方有"风格即人"，中国有"文如其人"，都强调创作主体对作品风格的重要影响。

鲁迅在《我怎样做起小说》中说道："我深感先前的称小说为'闲书'，而且将'为艺术的艺术'看作不过是'消闲'的新式的别号。所以我的取材，多采自病态社会的不幸的人们中，意思是在揭示病苦，引起疗救的注意。所以我才力避行文的唠叨，只要觉得够将意思传给别人了，就宁可什么陪衬拖带也没有。中国旧戏上，没有背景，新年卖给孩子看的花纸上，只有主要的几个人……我深信对于我的目的，这方法是适宜的，所以我不去描写风月，对话也决不说到一大篇。"

这段话总括了鲁迅小说创作的美学追求和艺术特色：取材"多采自病态社会的不幸的人们"；艺术构思，主要通过描绘人物的性格和命运，画出国民的灵魂，"不去描写风月"；在艺术方法和表现技巧上，主要采取写实的白描手法，用极省俭的笔墨。正是这种美学追求、价值取向和艺术表现的特征，使鲁迅作品具有独特的个性和风格。

我们看到，创作者创作个性与作品风格的形成，与他的世界观、艺术观、审美情趣、思想、人格密切相关。

刘郎曾说："我已不满足一些具象题材，已将注意力转到一些抽象题材上，寻找多种抽象题材内部的逻辑联系。"这种对抽象哲理的思索，使他在作品中可以为一片蓝天、一朵白云、一棵孤树、一块顽石、一丛绿草、一面壁画，蒙上思想的光彩，并从中开拓出历史与现实的衔接，文明与愚昧的冲突，传统观念与现代文明的汇聚与剔汰。刘郎还谈道："我受王国维《人间词话》中'写境'与'造境'的观点影响很大。作品中可以不着一人，但要通篇都是人类的精神。这样，利于造境，造一种博大的空灵，造一种蛮荒悲壮之美。"所以他作品中"造境"颇多，较多地运用象征、隐喻、比拟、烘托、写意等艺术手法，创造一种晶莹剔透、纯洁宁静的空灵世界。

风格的形成还受创作主体的特殊经历、性格、气质、艺术素养影响。

《山洞里的村庄》讲述一个建在山洞里的村庄怎样集资拉电的故事，纪录了一个中国乡村社会发展进程中的一瞬间。透过编导者纯客观的纪录，我们似乎还看到一种无形的、不仅仅是那个村庄所独有的"东西"在支配着他们的生活和行为，即一种文化内涵。其编导是青年学者郝跃骏，云南社科院民族学研究所的助理研究员。他学习历史、民族学，有长期深入的民族学的田野工作经历、严谨的学术训练和扎实的摄影功底。这些都使他拍摄制作的作品从一开始就具有与众不同的特殊观察视点和画面表达语言。有人说郝跃骏"具有记者的敏感、学者的思考和艺术家的狂热"，创作者本人则称自己的纪录片是"学者电影"。

刘郎广泛涉猎唐诗、宋词、元杂剧、明传奇，这使他具备深厚的中国传统文化功底，故而其作品中蕴含着浓重的文化意识。他喜好绘画、摄影、书法、音乐等，培养了良好的艺术素养，故而其作品充满艺术氛围，有较高的审美价值。

三、风格与时代

丹纳在《艺术哲学》中提出了著名的影响艺术三元素说，即种族、时代、环境。

创作个性、风格不仅是主体的体现，还是时代、社会环境的产物。作品风格的形成，标志着创作者思想、艺术的成熟，同时也是时代生活、社会环境通过创作主体的独特体验、创造而在艺术作品中的凝聚和闪光。

《藏北人家》、《家在向海》、《回家》反映的都是当今国际上的流行主题，即在日益喧嚣的现代文明中，人们在心态上渴望回归精神家园，回归自然，返璞归真。《远在北京的家》、《最后的山神》、《山洞里的村庄》则反其道而行之，重在展现当

代中国人走出家园过程中所面临的心态失落、调整和转变，这种构建似乎更顺应中国目前的现代化进程。总之，在内容风格的构建上，创作者们力求多方面地反映当代人的各种精神面貌。

就形式而言，求真、纪实风格是时代主潮。《毛泽东》、《伟人周恩来》的风格是利用人物的回忆叙说来达到现在时展现过去时的目的；《中华之剑》、《潜伏行动》特意将摄制组成员的活动和感受编辑进画面以增加真实性和临场感；《龙脊》、《山洞里的村庄》在叙事手法上压缩甚至不要解说，最大限度地让原始素材自己传递信息，让主人公自己充当生活舞台中的主持人……尽管风格如此丰富多彩，它们却都是属于求真、纪实风格这个大潮流的。

时代在前进，环境在变化，人本身也不断地改变着，因此，即使同一创作者，其作品的风格也可能前后不尽一致，而是处于发展中。

陈晓卿拍《远在北京的家》，有距离式跟随，也有主观化的干预；既有诸如问小保姆"北京那些高楼大厦和你有没有关系"这样的刺激性提问，也有主动将谢素平、张菊芬在北京的生活录像带放给各自家人观看的行动参与。但到拍摄《龙脊》时，陈晓卿则将采访和记者有形的参与全部摈弃，而采取对主人公们充满敬意的旁观方式。风格的变化发展在著名纪录片人冷冶夫身上也表现得很明显。他的作品1987 年以前是传统的以解说词为主；1988 年至1990 年以纪实为主，如《押运兵》；1990 年后，在拍摄过程、叙述事件基础上，更加注重画面的故事性、情节性，如《潜伏行动》。

法国人布封是"风格即人"的提出者。他同时还指出："一个作家绝不能只有一颗印章，在不同作品中都盖同一印章，就暴露出天才的缺点。"

我们的电视专题节目制作者一方面要加强自己的文化、艺术修养，确立自己的个人风格；另一方面，要不断创新，开拓风格的多样化。这样，才能保持艺术生命常新。

第六节　文化意识

文化是历史上所创造的生存式样的系统，
既包括显型式样又包含隐型式样。

——克鲁柯亨

一、文化的定义

"电视没有文化。"这是前几年以至今日许多人耿耿于怀的。中外都有不少专家学者撰文抨击电视的肤浅。

23

的确，无丝毫幽默的玩笑，粗俗的噱头，廉价的哭哭啼啼，天方夜谭似的神侃，充斥着我们的电视屏幕，麻木着我们的大脑。但与此同时，我们依然看到电视节目中浓郁的文化气息，特别是电视专题节目中的专题片、纪录片，正越来越明显地成为电视高品位文化的代表，文化意识成为我们专题节目编导们的重要追求。

关于文化，中外学者探讨极多，定义不下百种。虽然至今没有一个完全确切的概念，但人们通常以为文化应包含物质文化、制度文化和精神文化三部分。另又有将文化分为三个层次者：狭义文化——哲学、文学、音乐、美术、宗教等主要与精神有关的东西；广义文化——诸如典章制度、生产交换、生产工具、生活器皿、衣食住行、风俗习惯等，即那些通过长期劳动和经验所取得的精神和物质成就；深义文化——从广义、狭义文化或更广阔的领域中综合概括抽象出来的东西，是民族、人类精神的结晶。

事实上，文化范围极广泛，与人有关的一切都可以包含在文化中。这些年出现的酒文化、茶文化、食文化、服饰文化等便是佐证。以真实纪录、反映现实生活为目的的电视专题节目自然必须反映文化。

二、广义的文化

文化意识的基础是知识，知识构成节目文化意蕴的内涵。

中央电视台曾经有一档一直居于专题节目收视率前列的专题栏目《神州风采》，颇具代表性。每次五分钟的节目能产生如此魅力，正在于它是知识的百科全书加上灵活的形式。《神州风采》将中华大地上的山山水水、民风民俗、风景人物、奇人奇事、艺术珍品、史话趣闻、天下一绝、中华奇观等独特文化形态都吸纳其中，诸如《天下第一书》、《自行车观奇》、《蒙阴煎饼》、《安塞腰鼓》、《珠算史话》、《清江放排》、《塔尔寺酥油花》等，融知识性、趣味性、思想性于一体。

北京电视台的《今日京华》，与《神州风采》一样，曾是精美的"五分钟艺术"。举凡北京自然景观、文物古迹、城市建筑、热门话题，北京工农商学兵各行各业的成就以及北京各条战线日新月异的变化，均纳入创作范围，成为北京改革大潮中大踏步前进的小小缩影。

与此相类似的还有山西太原电视台的《古城风神》，它以山西作为地域文化的大背景，分别介绍了"老井"、"醋乡清绿"、"酒乡杏花村"、"灌肠村"、"石头村"、"悬空寺"、"龙山道教石窟"……看其外部形态，当属杂志片；而其内部构成，则是文化片。它较为全面地展现了山西这一特定地域的地形地貌、风土人情、文物古迹、风俗习惯、土木建筑、宗教医道，对其独特的文化形态，给予了全面的认识和观照。

三、深义的文化

知识性只是文化意识的基础，只是广义的文化。而文化意识的本质应是深义文

化，是各民族、全人类精神的结晶，是历史传统在我们身上的积淀，是历史与现实的结合。这是我们创作者应努力去达到的真正意义上的文化。

从《望长城》以来，我国电视专题节目，主要是专题片、纪录片在这方面作了可贵的探索，并取得了可喜的成绩。

《壁画后面的故事》在对待生与死的矛盾时表现出一种豁达、明朗的生命意识，有一种心灵、人格的净化。《沙与海》表现人与自然的冲突，有对艰苦生活的忍让和谦和，有顽强的拼搏和生存意志。《人·鬼·人》讲日本宪兵的转化过程，实际上表现了一种道德评判。像《毛毛告状》、《半世纪的乡恋》、《两个孤儿的故事》也含有很强的道德意识。王海兵连续获奖的"家"的三部曲则透出强烈的人文精神，一脉相承地展示了人与自然的历史：《藏北人家》反映人如何顺应自然而求得生存，有些像人类早期时代的颂歌；《深山船家》反映人同自然的搏斗而求得生存，仿佛人类中期；《回家》则表现人同动物的和睦相处，共同生活于大自然这个共有家园，深刻体现出人类可贵的生态意识、环境意识，是现代人、动物、大自然的和谐之歌。

文化是在一定价值体系支配下表现出来的外显或内隐的行为模式和行为结果。作为文化的创造者和文化的承受者，人是文化的最集中体现，文化意识应把对人的关注放到首位。

《望长城》在这方面是很好的范例。它令我们为悠久的历史而自豪，为灿烂的文化而骄傲，更为长城两边那一群特殊文化熏陶下的特殊人物的命运、精神而震撼。李秀云是《望长城》摄制组偶然遇到的一位农村妇女，丈夫病故，带着一双儿女独居。这位年仅31岁的未亡人，生活上贫穷，精神却充满活力，对未来充满信心。在与主持人焦建成的谈话中，李秀云那乐观的神情、洒脱的笑声，无论谁看了、听了，都能够从心灵深处，获得一种对自己生存状态的感悟。这是我们古老民族、古老文化悠长的回音。王向荣的母亲也是浑身浸透着中国传统文化的角色，儿子在县剧团工作，她却不愿随儿子去享福，因为她离不开这块生她养她的土地；王向荣的妻子，为了照顾老人，甘愿忍受与丈夫分居。这是中国古老土地上特有的文化现象。其他的例子还很多。长城是中国文化的象征，具体则体现在那乐观、淳朴的人民身上。

四、深入文化内涵

一部作品的文化品位受到多方面因素的制约，诸如消费者需求、文化环境等，而最重要的则是创作主体的制约。

高文化品位的作品必定出自有较高文化修养和艺术感悟能力的人。《话说运河》创作者曾谈到，为了增加节目的文化味，他们采用了运河作家写运河的撰稿方式，即组织了京杭大运河沿途四省二市的著名作家、艺术家，为他们所熟悉的运河某一段落写解说词。实践证明，尽管这些解说词未必尽善尽美，但在统一的编辑思想指

25

导下，却生动地、丰富地为节目增添了浓厚的文学意味。这些作家的参与，使节目更有深度，也更具文化气息。此外，《话说运河》还有意识地吸收有关专家、学者参与节目，从而增加了科学性、权威性、文化味。

近些年比较活跃的创作者大都受过专业的训练，有较为全面的文学艺术修养。陈晓卿是北京广播学院毕业的研究生，王海兵、孙曾田曾在北京广播学院上过四年本科，何苏六拍摄《母亲，别无选择》时还在北京广播学院读研究生三年级，刘郎写过诗歌，刘学稼写过散文，宋是鲁写过小说。丰厚的文化和现代电视技术是他们制作出高品格文化的有力后盾。

文化作为一种思维模式、行为模式、信仰与价值观念的体现，具有抽象性、潜在性，因此，对文化内涵的深层挖掘极为重要。

譬如拍摄民间剪纸艺术，如果仅仅展示手法的灵活、剪纸的精细、构图的完美，尚属外部形态的表现；还应该透过它们，揭示出蕴藏在背后的民族文化的特定心态和审美情趣。譬如拍京剧艺术，如果仅仅表现它的唱、念、做、打等功夫，这只是外部形态；还应揭示出两百年来它对民族心理的影响、对真、善、美文化心态的铸造以及做人的道理这些更深层次的文化内涵。又如拍书法艺术，如果仅仅展现字迹的遒密疏朗、潇洒苍劲，这只是外部形态，还应进一步揭示出书法的文化根基，甚至对民族性格、气质和精神的深远影响。总之，必须开掘隐藏的文化内涵，而这种开掘，应该是无止境的。

天津电视台曾拍摄了一部《泥魂》，是介绍泥塑文化的作品，但它没有止步于泥塑艺术的介绍上，而是在"魂"上做文章。这"魂"就是文化的意蕴。它深入开掘了泥塑艺人于庆成泥塑的三个历程，也就是三种文化的意境："都是一样的性格"——"跟视觉中的真人没关系"——"捏一种情感、一种心灵"。这本身就是对泥塑文化的深入开掘，一直到深刻地揭示出泥塑的文化意蕴：

> 生命耕耘着泥土，
> 泥土体验着生命。
> 当泥土为生命与灵魂造像的同时，
> 生命与灵魂也会热情地倾注于泥土之中。

有本书叫《美国梦寻》，是一位美国记者的采访稿选集。这位记者先是广播记者，后是电视记者。几十年来，他热衷于采访形形色色的普通人，常常到大街上去发现、去采访，先是用话筒，后来用话筒加镜头，去纪录这些人的话，纪录这些人的音容笑貌。这些普普通通的人向记者倾诉自己的经历、追求、成功、挫折、困惑，然后被简单加工制作，向听众和观众播放。

这本书被称为美国的现代史。

我们的电视专题节目，主要是专题片和纪录片，被称作"时代的立体档案"、

"历史的备忘录",这表明它不仅仅是人类现实生活的"自审"窗口,而且应当是人类多重信息的最丰富、最生动的历史著作和文化史。

只有具备了文化的深度与广度,我们的作品才能成为"人民的记忆"。在印刷传播的时代,直到今天人们的心目中,书籍仍是文化的代表;那么在电子技术、数字技术日益发展的今天,我们电视工作者有责任把电视上升到文化的高度,使其成为人类发展史上新的文化代表。

第七节 思辨意识

我思故我在。

——笛卡尔

一、思辨出哲理

思辨性、哲理性是任何一部作品的灵魂。

人们大都很难忘记美国影片《阿甘正传》,忘不了片头与片尾飘来飘去的羽毛,它在昭示着:人生就像一片羽毛,随风飘荡,不知会落在什么地方。或许可用一句中国古语来形容:"轻如鸿毛。"

以此来比喻人生未免有点宿命色彩,但对某些影视作品,说它们轻于鸿毛似乎再恰当不过。然而《阿甘正传》却能享誉世界,因为它以精湛的艺术形式阐述了一个深刻的哲理。哲理给它注入了泰山般的重量。

回想一下曾产生重大影响的电视专题节目,它们无不蕴含着发人深思的思辨色彩和哲理意味。

《让历史告诉未来》、《世纪行》都以"形象化政论"形式生动而富有说服力地阐明了只有正义、只有中国共产党才能救中国这一真理。《土地忧思录》、《少年启示录》、《住房见闻录》则对当今社会存在的耕地占用、青少年教育、住房紧张等问题作了较深入探讨。大型纪录片《广东行》把聚焦点对准中国改革开放的最前沿,把镜头推向当代中国生活最火热的阵地、地处珠江三角洲的广东,对在新时代下的新观念作了深刻挖掘。

《大国崛起》轰动一时,就在于该片站在历史与世界的高度,深刻分析了曾经或现在称霸世界、位居强国之林的九个国家的政治、经济、文化,特别是经济体制及相关制度的深远影响,片中阐释的思想已经被历史实践证明,具有不可辩驳的生命力和说服力,思想、观念、制度就是生产力。片中许多思想对于正在飞速发展的中国来说都可资借鉴,而且,也正好契合我们民族复兴的伟大梦想,因此,观众很有共鸣。

27

并不是只有大题材才具有思辨意义，生活处处有哲理。《西藏的诱惑》创作者站在思辨的高度，从曾经被拍过无数次的西藏题材中，从去西藏寻求灵感的几位艺术家身上，从在西藏很普遍的宗教信仰中，发现了蕴含其中的哲理。宗教信徒的朝圣精神，艺术家的艺术追求，芸芸众生的理想信念，揭示出具有人类某种本质意义的哲理，那就是——"人人心中有真神，不是真神不显圣，只怕是半心半意的人"。获亚广联大奖的《最后的山神》，从一个鄂伦春族人在历史新旧交替之际的复杂心态揭示了历史发展的步伐不可阻挡的趋势。

二、思辨的意义

观众需要思辨。

恐怕人人小时候都有看故事书、看童话、看寓言或少儿电视节目的经历。故事里面大都有一个老人，和蔼可亲，知道许多事，懂得很多道理，遇到困难时总能出主意帮助解决。小孩子便特别尊敬他。

老人无疑是智慧的化身，哲人的形象。电视工作者应该具有老人一样的智慧，其作品应该充满思辨、哲理，给人以启迪。

可惜今天，在对过去创作中"说教者"身份的批判中，我们却有点矫枉过正，连智慧、思辨也一起倒掉了。于是，我们的许多电视编导以此为借口，宣称只需忠实地呈现生活本身，把纪实客观的东西给观众，让观众自己去思索。

事实上，作为"上帝"、"主顾"，观众除了在电视中获得娱乐外，还希望"购得"思想。让观众自己去"思辨"固然可贵，但如果我们连一些启示性暗示也没有，观众又从何"思辨"呢？如果画面中没有给人启迪的东西，只是画面，那还不如看生活本身——它更丰富，也不如去看画展——它更精美、雅致。

观众不会拒绝思想，只是拒绝过去思想传播的外壳——"说教者"面孔。

对电视专题节目来说，它与文艺节目、电影、电视剧相比，其娱乐功能是很次要的，它要展示生活、揭示生活，不仅呈现"生活是这样"，还要指出"生活应该是那样"。这是观众乐意接受的。《东方时空》、《焦点访谈》中许多节目发人深省，所以深得广大观众喜欢。

《新闻调查》有一期节目叫做《生命的救助》，引起观众较大反响，就在于它向人们振聋发聩地提出了这样的问题：为什么大家会眼睁睁地看着本可以救助的白血病患者含恨死去却少有人出来捐献一点点儿骨髓？为什么三个大学生在同窗好友因无人捐献器官死去后义愤立下"遗嘱"在死后将遗体全部捐给医院却遭到社会、家长非议、不理解？为什么我国白血病存活者只有4%，而美国却高达60%？节目告诉人们，救助别人也是救助自己，是公民的义务。同时，节目忧虑地提出我国人均文化素质不高、生命意识不强的问题，给人强烈震动。

最推崇再现物质现实的安德烈·巴赞也说过这样的话："即便承认这种追求真

实的运动（即写实主义）可以采用无数种不同途径，这种自封的'真实性'，严格地说也是毫无意义的。只有这种运动给作品不断增添意义时，它才是有价值的……在如实地再现某种东西时，如果不能在抽象的意义上使它的含义更加丰富，那就是多此一举。"

电视专题节目就是要给人以启示、教益。我们的电视编导们就应该像童话中的老人一样，聪明、睿智，有极强的思辨意识，能敏锐地发现、揭示哲理和问题。

三、思辨的表达

思辨毕竟是思想，是抽象的。而电视则是活的画面。人们对说教者的反感理所当然。怎样生动表达思辨至为重要。

首先是创作者要以平等的身份出现，就如那睿智的老人，虽洞察世事，却亲切、平易，充满热情，不冷漠，不高高在上，仿佛朋友一样。这在今天已较普遍地被接受，如主持人与观众面对面交谈等，就像拉家常。

其次，必须寓思辨、哲理于形象中，让形象、让画面说话。事实胜于雄辩。《土地忧思录》、《少年启示录》、《住房见闻录》是这样，《世纪行》、《广东行》是这样，《焦点访谈》也是这样。《沙与海》创作者透过"沙"与"海"的自然表象，透过沙漠中的牧民、海洋中的渔民的生活表象，开掘出了蕴含在其中的深刻人生哲理，那就是"人要活，风要来，想躲算是躲不开"。从而启示人们，只要是在世界上生活，不管你在哪里，都要和生存的环境做顽强的抗争。人类自身就是在同自然环境的拼搏奋斗中成长起来的。《望长城》本来在思辨、哲理开拓上留下一些遗憾，但其中有些地方却令人深思。其中有这样一个镜头深深地印入人们心中：摄制组告别了王向荣的母亲及其家人向远处走去。当人们蓦然回首时，却见那位 80 多岁的老母亲，拄着拐杖，一步步爬上了山坡，正在追赶他们。而她仅仅是为了表达一句话："你们那些瓶子放下咋办呀，不要了？"这一问，一方面确实体现了老人的纯朴和善良，但或许，而且是更有可能的是，她把啤酒瓶看成了一件贵重的东西。从这一形象、生动的画面细节中，有太多足以令我们反思的地方：现实与历史，贫穷落后与辉煌，是多么大的反差啊！难道不让我们这些炎黄子孙感到压力和自强的责任吗？这种以事实、以形象表现的思辨，真切、感人，触及人的心灵深处。

再次，要将哲理与情感结合起来，既有哲理在思索，又有诗情在腾跃；既有哲理的深邃，又有情感的炽热。常言道，动之以情，晓之以理，动情之后自然容易接受理。车尔尼雪夫斯基要求艺术家"把诗的想象跟哲学的理解，以及心理的观察有机地结合起来"。《西藏的诱惑》便把浓烈的感情与深邃的哲学意蕴有机结合起来，做到了情理交融，有感人的力量，又有启示和联想。片中一个画面使人久久难忘：四位藏民背着行李，跋涉千里，一步一磕长头，一直磕到圣地拉萨，并献出自己的一切。在里面，注有浓浓的情，更有让人回味无穷的哲理。

一般来说，哲理应尽量避免直露，应在形象中、事件中自然地流露。但有时也可以直接地说出来，像《朝阳与夕阳的对话》中老雷说："有人把人生比作四季人生，我却把人生比作太阳人生。"像《藏北人家》在解说词中道出的："对措达·罗追来说，昨天的太阳，今天的太阳，明天的太阳都一模一样，牧人的生活，就像他们手中的纺线锤一样，往复循环，循环往复，永远是那样和谐，那样宁静，那样淡远和安定。"应注意的是，这种表达必须有铺垫，有前因后果。比如《藏北人家》这段话是在全片的结尾，是对前面整个片子的概括和升华。

第八节　审美意识

> 凡物之美者，盈天地间皆是也，
> 　然必待人之神明才慧而见。
>
> ——叶燮《己畦文集·集唐诗序》
>
> 言而无文，行之不远。
>
> ——《论语》

一、由真到美

真实是电视专题节目的生命。但像人一样，不同生命的质量与寿命却相去甚远，有的如同日月，可与时空相始终；有的与草木相似，只能一岁一枯。

仅有生命是不够的，我们需要有灵魂的、美的生命。

电视专题节目仅有真实是不够的。真实并不等于美。

如果的确存在"零度情感"的真实，那也只是对现实生活的一种客观复原，是人们对世界的一种认识和描述。真必须上升到伦理范畴的善，再上升到美，才达到极境——审美层次。只有到达美，才使人不在现实中沉沦，而是坚定地超拔出来，达到人格、心灵的净化。真、善、美三者是递进的、辩证的统一，真是基础，美是归宿。

认识到这一点，我们就能理解为什么我们的电视专题节目中少有较高审美价值的作品，因为大都还只停留在真的境界。

二、美的内涵

美是什么？为什么鲜花让我们觉得美？为什么太阳让人有美的联想？

诸如此类问题，有点像问 1+1 为什么等于 2 一样，虽然人们在日常生活中已把它们当作公理，但关于为什么，千百年来却一直困惑着无数美的探求者。美的本质，主要有客观说、主观说、主客观关系说，至今没有定论，仍在争执之中。其根本原因或许在于美的无限丰富性，美的情感性、体验性造成了较大程度上美的不可言传

性，很有些佛祖释迦牟尼拈花微笑妙悟的意味。

鲁迅认为，美术是一个总称，就是用思理以美化万物，其功能在于"发扬真美，以娱人情"。不仅雕塑、绘画、建筑、音乐是美术，而且文学、戏剧也是美术。用思理以美化万物，创造出来的作品，具有意美、形美、音美的特质。雕塑、建筑等是视觉可见的美术，有形美。音乐是听觉可闻的美术，有音美。有的美术则兼有形美、音美。意美则为一切美术所共有。"意美以感心，一也；音美以感耳，二也；形美以感目，三也。"形美、音美，属于形式美；意美是内容美。任何作品的美，包含在内容美、形式美的二者交融之中。

虽然我们不能确切定义美到底是什么，却能体味到什么是美的、什么是不美的。任何事物，都是由内容与形式构成，美必然反映在内容与形式上。汉字"美"，据有关人士分析，可能是"羊大为美"，也可能是"人羊为美"。"羊大为美"是一种实用解释，即羊大而肥，宜于食，故谓之美，可算是"内容"之美。"人羊为美"是指用羊的角及皮挂在头上作装饰，夸耀成功与胜利，可算为"形式"之美。或许，古人造字时便想到了内容与形式共同组成美。

鲍列夫在《美学》中认为："艺术中存在问题有三种尺度：过去、现在和未来。在艺术作品中既有人类对他的过去历史的追忆，也有对未来的预测。艺术家既面向他自己的社会环境，面向同时代人和'亲近的人'，又面向'遥远的未来人'，面向整个人类。艺术家努力介入今天的关系，同时又力图切断当代的界限，把自己时代的经验用于未来，用永不过时的全人类价值的数据来测量当代。这里既有永久的伦理标准（善与恶），又有全人类的审美价值（美与丑）。"

美是人类永远的追求，是艺术的最高理想。

我们的电视专题节目创作者应有美的意识，提高作品的美学品位。

三、追求内容美

内容构成节目、作品的内在美。如果说形式美是身体，内容美则是灵魂。

内容美由两部分组成：一是题材本身的美丑，二是创作者提炼的主题的美丑。一般来说，美的题材更容易形成内容美，一块璞玉本身已具备发光的潜质。但描绘丑恶的事物，这作品却不一定丑。描写美好的事物，可以是美的艺术，也可以是丑的艺术；同样，描写丑恶的事物，可以是丑的艺术，也可以是美的艺术。胡经之在《文艺美学》中写道："当创作者对丑恶进行批判、否定时，他所表现出对丑恶的愤慨，对美的追求和向往的审美理想、审美态度、审美评价就被编织到艺术整体中去了。因此，艺术内容——审美体验的美丑是构成艺术作品审美价值的关键。"

可见，创作者对生活对象美与丑的体验、态度——审美体验的美与丑——对作品的内容美至关重要。

作品的内容美要求我们编导用美的心灵去赞扬美的人和事物，用美的理想去鞭挞丑恶的人和事物。

美无处不在。清人叶燮曾说过："凡物之美者，盈天地间焉是也，然必待人之神明才慧而见。"罗丹也讲过大家都熟悉的话："美是到处都有的，对于我们的眼睛，不是缺少美，而是缺少发现。"

综观屏幕上的电视专题节目，大都展现了生活中五彩缤纷的美。《藏北人家》中有平和宁静的和谐之美，《壁画后面的故事》中有美的心灵和对美的留恋，《西藏的诱惑》中有美的理想和对美的追求，《龙脊》展示孩子们的纯朴之美，《沙与海》展示人类的坚韧不拔之美，《人与自然》、《庐山》、《伶仃小岛》则展示大自然的美……《焦点访谈》、《生活空间》栏目中，一方面热情地讴歌平凡之美、生活之美、人性之美，另一方面对社会中丑恶现象作了无情揭露和批判。

可是，在一些作品里，要么是题材缺乏美的因素，要么是创作者没有倾注自己的审美情感，不管美与不美，只顾将生活和盘端出，甚至端得津津有味。比如，曾经一度，在电视专题节目中，悲悲啼啼的"感伤主义"泛滥一时，残废、残疾、病人、癌症患者等占据了大量屏幕。我们绝无反对拍这类题材的节目的意思，只是觉得应该丰富多彩，还有更多人需要去表现，不能总表现缺胳膊断腿和病床、死亡，仿佛就没有完整人一样。即使拍摄，也不要一味地铺陈痛苦与不幸，重点应展现他们与她们在困境中的拼搏向往。另外比较典型的是一系列母亲形象，为了儿女，含辛茹苦，牺牲自己的一切。在她们的脸上，是岁月的刀剑之痕；在她们的眼中，是无尽的哀伤和忧虑……使人看后，虽然为其献身精神感动，但过于沉重过于苦难的形象，却泯灭了希望。有人已撰文指出集锦式系列片《中国母亲》在这方面的超越（《电视研究》1995 年第 11 期）。文中说，高品格电视文化应纪录完整的生活，纪录每一个普通人在生活中的勇气和坚强。母爱不仅仅是保障孩子冷暖，不仅仅为抚养孩子半世，而应成为一种思想的延续，一种精神的哺育，一种可以称之为高尚、圣洁的爱。母爱不再意味着苦难和无谓的奉献，"而是建立在智慧和力量之上的美丽和幸福"。只有这样，母爱才超越了"感伤主义"，不再是狭义的"母亲"，而成为"社会母亲"，从而"永恒化"。这时，母爱上升为一种美。《中国母亲》中，比如《一个农村妈妈和她的三个孩子》、《无声世界的歌》、《皮律师和她的儿子》等都是这种蕴含着明朗审美精神的作品。

四、重视形式美

子曰："言而无文，行之不远。"

形式美与内容美一样不可缺少。

马克思曾说美潜藏在"人的本质力量对象化"的劳动过程中，有人将之解释为"人的本质力量的形式化"。形式感是人的一种本质力量，对形式美的追求是人与生俱来的。

音乐的旋律、节奏为形式，绘画的线条、形体、色彩为形式。电视节目的形式则是画面（包括色彩、构图、造型、用光）、声音（包括同期声、解说、音乐音响）、蒙太奇组接等。形式美具体表现为各形式要素之间构成的关系，诸如对称、对比、和谐、平衡等。

电视专题节目的编导们在形式美上作了不少努力，并取得了一定的审美效果。《明天的浮雕》，对电视屏幕造型意识作了独特的开掘；《我们生存的这片土地》，对画面构图的艺术张力作了独特的延伸；《赤土》，对电视音乐音响的表意功能作了独特的开发；《西藏的诱惑》，将电视解说词的文学意蕴推向了新的高度；《沙与海》，有沙漠与大海的强烈对比，而同期声的探讨和运用则达到了纯熟的程度；《龙脊》，在镜头运用上干净利索、流畅而不拖泥带水，画面清新，有一种单纯、质朴之美。

尽管我们的编导们作了不少探索，但从整体来看，形式美显得还较差。在纪实风盛行的今天，许多编导误将纪实认作是复印机似的摹写生活，往往忽略了形式美的塑造。美国著名电视制片人、匹兹堡公共电视台执行副总裁托马斯·斯金纳先生曾直言不讳地指出：中国纪录片不能走向世界的原因就是为追求纪录内容的"绝对真实"而放弃各种先进技术手法的运用，因而中国纪录片只有"纪录"而没有"再创作"。这就要求我们的编导们努力加强自己的综合艺术修养，在真实的基础上给作品美的形式。

五、美的统一

只有当内容美与形式美水乳交融、合二为一时，一部作品、一个节目才真正成为美的创造。

完美的作品，内容即形式，形式即内容。

《西藏的诱惑》虽然在内容的具体性、形象性方面还有待深入，但整体上却是内容美与形式美结合较好的一部作品。比如在介绍女作家龚巧明的时候，是一幅黑白照片，显得肃穆而凝重；而在她为西藏献出了宝贵生命的时候，仍然是那张照片，却被创作者染成了红色，表现了崇敬、歌颂、礼赞的情感。在表现西藏少女沐浴节沐浴的时候，当歌中唱道"忏悔是心灵的洗浴"，河水泛起了黄的色彩；当歌中唱道"省悟是血肉的再生"，河水变成了蓝的色彩。这样，黄色成为"忏悔"的象征，蓝色成了"省悟"的象征。色彩与要表达的内容、情感很好地融为一体，内容美，形式也美。

形式必须符合内容需要，不同内容有不同形式与之相适应。《西藏的诱惑》因为主旨是对理想、艺术的追求，主观色彩浓，所以在形式美上写意性强。《沙与海》表现人在艰苦环境中的生活，主旨是展示生活的情状，让观众从真实的纪录中体味一种坚韧，所以纪实性为主。像《龙脊》，自然、不经雕琢、质朴的镜头语言，与山村孩子们的朴实无华，结合得丝丝入扣，二者相得益彰，是内容美与形式美相融

33

十分好的作品。

内容美主要作用于我们的心灵，形式美主要作用于我们的眼睛和耳朵。当内容美成为形式美，当形式美成为内容美时，创作者、观众、节目三者便成为一体。

本章思考与练习题

1. 举例说明电视专题节目中人的中心地位和个性化表现。

2. "世俗化"具体表现在哪些方面？

3. 专题节目中有哪些常见的情感表达方式？

4. 故事化与情景再现应注意哪些问题？

5. 谈谈创作主体对作品文化意识、文化品位的制约。

6. 电视专题节目中如何表现思辨哲理？

7. 一部作品的美表现在哪些方面？试举例分析。

8. 作品风格的形成受哪些因素影响？

第 二 章
纪实风格

【本章内容提要】

　　由于人们对真实性的渴求，纪实风格成为当今主流。以巴赞"影像本体论"为理论根据，纪实风格表现出纪录过程、纪录真实时空、纪录细节等叙事特征。而长镜头、同期声、人物述说则成为其主要叙事手段。

　　审美真实有较强主观性，本质真实难以企及。因此，现实其实最真。但电视屏幕上的纪实作品，并非"零度真实"，而是多重假定之后的真实。真实是基础，而非目的，专题节目应立足真实而后超越真实。

　　随着数字影像技术的飞速发展，以假乱真已是轻而易举的事，以真实为生命的专题片与纪录片遭遇到严峻挑战，但真实仍将是人类永恒的渴望与追求。

第一节　本体追求

　　毫无疑问，纪实风格已经成为今日电视专题节目的主流，尤以纪录片为代表。这是对电视本性的回归。

　　纪录片在发展过程中，出现过多种风格样式。有画外音解说词配合并压倒画面的"格里尔逊式"，有只拍摄加上同期录音而不加解说的"真实电影"，有以当事人、见证人、权威发言人的访谈配合画面和解说、实况录音的"采访谈话式"，等等。但其基本创作风格，从整体上说大致可以分为两大类：一类是以纪录客体对象原生形态为主要特征的纪实风格作品，另一类是在反映现实生活的同时，有更强造型表意追求和创作者主观情感的作品。

　　在国际上，客观纪实风格一直在发挥着它的影响。从 1916 年弗拉哈迪拍摄《北方的纳努克》到 20 世纪 60 年代的"真实电影"以至今天，纪实风格一脉相承

35

地发展着。仅与中国有关的作者和作品，就有 20 世纪 50 年代荷兰伊文思和他的《早春》，70 年代美国贾维斯的《故宫》，80 年代日本牛山纯一及其同事的《中国云南的少数民族》、《中国妇女》，英国蒙代恽的《龙的心》等，他们都在国际上产生过很大影响。这些作品，观点含蓄，重视过程，强调即兴采访，捕捉第一感觉，声画并重，视同期声为艺术生命，最大限度地压缩解说词和音乐。总之，他们共同的追求是创造自然真实的效果。

美国著名真实电影创作者理查德·利考科曾经这样表述过这样的观点："对我来说，是要通过观察我们的社会，观察事物实际是怎样发生的来发现我们社会的一些重要方面，从而反对人们普遍持有的那种事情理应如此的社会幻觉。"

由于种种原因，我国的电视纪录片创作在近 40 年里步履蹒跚，一直沿袭着主题表现的传统风格，即解说配合并压倒画面。与世界相比，可以说处于童年期。从上世纪 80 年代起，有一批电视纪录片工作者开始对创作方法和作品风格进行探索。直到《望长城》的出现，才标志着我国电视纪录片进入一个新的时代，纪实风格才全面确立。创作观点和创作方法的改变，是《望长城》风格一新的关键所在。不受既定计划约束的即兴采访，摄制人员与各种人物不拘一格，质朴坦然的直接对话，摄制组活动的如实纪录，没有文章化的解说词……这一切使节目真实自然，人物个性鲜明，每个人的喜怒哀乐表现得淋漓尽致，令观众耳目全新。

《望长城》之后，长镜头、同期声的运用，对生活客观复原，纪录过程等，便成为专题节目的共同追求。纪实风格作品纷纷涌现，并有不少优秀之作，如《沙与海》、《藏北人家》、《远在北京的家》、《壁画后面的故事》、《龙脊》、《回家》等。

我们看到，纪实风格已不仅仅局限于以现实生活为直接素材的专题节目，纪实风格的电视剧也成为当今一股来势不小的潮流，像《黑槐树》、《九·一八大案纪实》等颇受好评。纪实几乎要入侵电影，像美国影片《刺杀肯尼迪》、《阿甘正传》中有大量新闻性资料的运用，表明了人们对纪实风格的认同。

纪实风格的本质是对真实的寻求。这种风格能在今天蔚为大观绝非偶然。

可以说，20 世纪是历史上最动荡不安的时代。当人类进入 20 世纪，以前的所有价值观念几乎都受到怀疑和挑战。尼采一声大喊："上帝死了！"令世人振聋发聩。继而两次毁灭性的世界大战，更摧垮了西方人的传统信念。于是各种思潮风起云涌，诸如立体主义、象征主义、超现实主义、达达主义、存在主义、结构主义等，剖析着世界，解释着世界。从个性极度张扬的现代主义过渡到后现代，有人便宣称："人也死了。"西方人几千年一直追求的个性、终极价值，几乎在一夜之间成为泡影。

我国本就有务实的传统，经轰轰烈烈的政治狂热、经济狂热之后，显得有些疲倦不堪，激情消失了，举目四顾，似乎恍然醒悟：往昔固然让人留恋，毕竟已逝水

不返；未来虽然霞光万道，却又难以捉摸；只有今天实实在在。其实，古人早就在唱《今日歌》、《明日歌》。

于是，几乎不约而同地，西方人海明威在几十年前，中国人在今天，都说出了过程比结果重要的话。因为过程是真实的、可以把握的、血肉丰满的。而结果却太虚幻、太概念化。过程是现实，是此时此刻，是现在进行时；结果是愿望，是缥缈的彼时彼刻，是未来时。过程重于结果，这句话的潜在积极意义是："今天比明天重要！现在比将来重要！让今天拥有沉甸甸的收获！让我们回归现实！回归真！"

现实是怎样的？除去传统观念面纱之后，真实生活到底是什么？克拉考尔在《电影的本性》中认为，现实生活的存在是一种含义模糊的存在，在影片中也应具有一些含义模糊的镜头，以便去"触发各种不同的心情、情绪和内在的思想活动"。这"不单纯限于交代情节纠葛，并且还能抛开它，转而表现某些物象，使它们处于一种暗示性的模糊状态"。哲学的理性把握已经在丰富的、纷繁复杂的现代世界面前无能为力。全知全能、说教式的解说配画面已显得迂腐可笑。我们什么也不要，只请将真实的生活不加任何调料原样呈现出来。

可见，纪实风格是时代的呼唤。

此外，人有对真实的本能心理需求。对真实的渴望受好奇心、求知欲的驱使。所以，自古以来便有皓首穷经以求宇宙、世界、社会的真谛的哲人，有为新事物的奥秘而历险的探险家。人们会对某事真相而绞尽脑汁，会为某事真相大白而津津乐道。

人还有渴求看看别人怎样生活的本能欲望。虚构艺术中的人的生活毕竟不是生活本身，而纪实性电视节目就纪录身边的人和事，他们的行为方式、生活方式对观众有更强更直接的参照意义。

当然，电视专题节目纪实风格的盛行，还有一个决定性因素，那就是，电子技术的高度发达，我们已从物质条件、技术条件具备了客观真实地纪录生活的能力。

第二节　叙事特征

纪实风格的理论依据是安德烈·巴赞提出的"影像本体论"。在《摄影影像的本体论》一文中，他对其理论作了全面论述，其核心命题是：影像与客观现实中的被摄物同一。摄影的客观性可以赋予影像以任何其他艺术形式无法具有的令人信服的力量。影像本体论特别重视摄影机和透镜的功能，认为电影的使命就是"用世界自身的形象重塑世界"，任何破坏世界客观完整性的电影技巧都应禁用。

巴赞影像本体论的美学主张和美学理想是：注重表现世界的完整性、时空的真实性、叙事结构的真实性。

以此为依据，纪实风格的电视专题节目主要表现为三个方面的叙事特征：完整纪录过程、纪录真实时空、纪录真实细节。

一、纪录过程

过程就是事物发展的连续性，包括起因、发展、高潮、结果。纪实风格要求客观地展示完整的世界，就必定要拍结果，但更要拍过程。这犹如人的一生，漫漫人生旅途、艰苦创业的经历，比只知道其成就、这个人的最后归宿要有意义得多。

过程纪录能最大限度地保持生活原貌，展示原汁原味的生活，并且带着浓厚的生活气息，给观众以真实感、亲切感。大型电视系列片《望长城》，分四个摄制组，历时两年，纪录了700多个小时的长城素材，拍下了寻长城的全过程。日本电视纪录片《望子五岁》，从望子两岁起一直拍到五岁。获国际大奖的《山洞里的村庄》以极长的篇幅纪录了一个山洞王国关于集资拉电线的前前后后，形象生动地给观众描绘了一幅真实可信的生活图景。

纪录过程是对一段时间和空间里的人和物的纪录，纪录由点变成面、场性纪录，包容量大，信息丰富，"能够还原世界以纯真的原貌"的"透明性"和"多义性"。观众可以从不同角度获得不同的信息。这样，就不只是以往主题先行那样只一个结论。在这儿，过程大于结果。结论蕴含在过程中。正如巴赞所说："让观众自己开动脑筋在延续性现实的某种片面透镜中分辨出场景所特有的戏剧性光谱。"（《电影是什么》）这种过程含义的透明性和多义性，在《沙与海》中有非常好的体现，那就是著名的小女孩滑沙：高远的蓝天，广袤的沙漠，小女孩将鞋顺沙滑下，犹如两只小船在航行，小女孩随后自己也滑了下来。这一优美的过程，让不少人遐思翩翩：或孤独的写照，或寂寞的象征，或对童年的回忆，或对未来的憧憬，或是沙漠中小孩的游戏……

过程纪录由于时间的连续性，使人物情绪得以充分酝酿、暴露，从而可以形象地揭示人物心理和性格。《重逢的日子》里，女主人公与前夫近40年后重逢的喜悦，与现在丈夫离婚的一系列苦恼，都在过程中得到充分展露。《焦点访谈》有一期《寻找小王丽》，其父明知记者在找他、叫他，他却装着不知道，一溜烟跑开去。当记者追上去问他时，他半晌不说话，极逼真地刻画出他作为亲生父亲，既有爱女儿，但更怕后妻的复杂心理。

过程纪录要注意向前取材，向未来取材。对事件应有较强预见性，不要等事件开始才慌忙开机。纪录过程要的是人生经历的真实纪录，不管发生什么都是真实生活。向未来取材，可以构成动态的运动结构，具有开放性。对观众来说，则有现场一起跟踪的感觉，并产生强烈的欲知事件发展的期待心理。像《壁画后面的故事》、《重逢的日子》、《潜伏行动》等均属此。过程开始时，创作者并不能确切知道牵马

青年的命运、分别多年的夫妻能否团圆、匪首是否出现。向未来取材的魅力，正在于未来的不明确，而人们是不满足于未知的，必将惴惴然以待结果。

纪录过程还要注意把偶发因素完整摄录入镜。因为我们是纪录生活的自然流程，偶发因素也应是过程的一个组成部分。许多创作者往往忽略这一点，在偶发事件面前要么惊慌失措，要么关机不理。这其实是违反纪录过程原则的。严格照理来说，本来不应存在什么偶发因素，一切发生的事都是生活本身，哪来偶发因素？偶发因素只对脑中先有框框的创作者存在。曾有人去拍日本战犯，三访而不遇，结果沮丧而归，点无收获。事实上，他应照拍不误，拍三访不见人，拍三把紧扣的门锁也好。战犯不见本身已是很重要的信息和内容，其心情已能历历可见。对被摄者而言，一切都是合理的，有原因的。当我们不失时机地拍下那些偶发事件时，该算是很重要的收获。如果不关注意外的偶然因素，我们将不能欣赏到《沙与海》里小女孩在大沙漠游戏那一最富美感的画面。偶发因素除了组成过程本身而外，还是一个极为有用的结构方式。它打破了平淡无奇的常规，有突兀、新奇之美。这将非常吸引人的注意力。

二、纪录真实时空

任何事物都存在和运动于一定的时间和空间中。时间仿佛横轴，空间仿佛纵轴，任何事物都可以在这个时空平面图上找到属于自己的时空位置。也就是说，当时间和空间一定时，事物便确定下来，成为真实的存在，而不是一个飘浮不定的影像、抽象物、符号。

因此，时空真实的第一个要求是时空的确定性、具体性，即必须有具体的时间、具体的空间、具体的情景。

巴拉兹在评论纪录片大师伊文思的影片《雨》和《桥》时，曾有过相当精彩的阐述：

> 伊文思不想再给观众表现什么客观现实。他的著名的印象主义影片《雨》和《桥》所表现的事物原貌，是我们在现实中根本看不到的。……我们在伊文思的影片里所看到的雨并不是在某地某时所下的某一场雨。这些视觉印象并非通过某一时间和空间概念而联结起来的，他的敏锐的感觉帮助他去抓住了下雨时的种种现实，而不是下雨这件事本身。……我们要看的就是这种种各不相同的，亲切可爱的和非同寻常的光学效果。这些画面（而不是事物本身）构成我们的体验，在我们的思想里，印象代替了实物。这些画面是一系列形象，而不是具体事物的再现。

> 当伊文思在表现一座桥时，即使他已经告诉了我们这是鹿特丹的一座巨大的铁路桥梁，他还是把这座巨大的钢铁建筑化成了千百幅从各个角度拍摄的抽象画面。我们只通过这样一堆画面来观看这座鹿特丹大桥，而就凭着这一点，桥的真实感也就丧失殆尽了。它仿佛并不是一项有价值的工程，而只是一系列

离奇的光学效果，一个主题的许多可见的变奏，看了以后，很难叫人相信这上面能走货车。每个镜头都有它不同的外部特征，不同的性质，但所有的镜头却都跟桥的建造目的或建筑质量毫无关系。

很显然，《雨》和《桥》画面精美，但由于具体时空的丧失，作品内容的真实性也就不存在了，只是一堆不同角度画面的组合，只是作者的一种主观印象、主观感受，没有现实中真实的雨和桥。

当我们回过头来看《龙脊》中那场雨时，就会感到与伊文思的《雨》截然不同。在《龙脊》中，我们不仅看到雨本身下了几天几夜，雨本身的瓢泼之势，而且觉得它是真实存在的，不是孤立的。它与那偏远山村联系在一起，与季节联系在一起，与穿蓑衣戴斗笠的村民联系在一起。它会将田野灌满，它会影响村民插秧，它直接关系到农民的农作物丰歉。这场雨有确定的时空，它是具体的、情景性的、真实可及的。

但是，仅有时空的确定性和具体性是不够的，至为重要的还有现在进行时的时空依据。现在进行时并非有些学者所说："当它作为具体事件的一部分来叙述时，才具有了现在进行时的意义。"这实际上与时空的具体性是一个意思，它只强调了情景的具体性、可经历性。而我们知道，任何一部故事电影、电视连续剧，都会有确切的时间和空间，时间、地点、人物、事件是其最基本的要素，对电影、电视剧内部人物、情节而言，也是现在进行时。可它们是虚构的、臆造的，是艺术真实而非生活现实的真实。这犹如我们摆拍时，也能获得具体的时空、情景和现在进行时。因此，现在进行时的实质应是现实生活的现在进行时，是真实的生活中正在发生、发展的时空。这样，纪实风格的具体时空才与虚构艺术的具体时空区别开来。

总之，纪实风格的时空真实性首先是以真实的生活为基础，是现实生活基础上的时空确定性、具体性和现在进行时。

三、纪录真实细节

一个专题节目，如果只有生活过程的一般展现，那么它只是有了筋骨，只有具备了真实的生活细节，它才有了血肉。实际上，任何过程，都是生活细节的积累和叠加。虚构的文艺创作中，整个情节、故事可以编造，但细节却要求真实。纪实风格的电视专题节目，就更要讲究细节的真实。

关于细节，后边有专节详述，这里且略。

第三节　叙事手段

一、长镜头

长镜头是纪实风格最重要的表现手段。过程的纪录，时间的连续性，空间的整

体性，只有长镜头能够完成。

长镜头作为叙事语言，其内涵比长镜头拍法技巧要广阔得多。它不仅体现于长镜头技巧的运用，更重要的，它是与蒙太奇相对立的一种创作观念，它是人对世界观察、思维的一种方式。它要求再现式地描摹现实生活的自然流程，用这种叙述方法来代替人为编造故事、情节，用纪录真实生活来代替表演。它是对物质世界的客观还原。

安德烈·巴赞认为，长镜头和景深镜头的运用可以避免严格限定观众的知觉过程，它是潜在的表意形式，注重通过事物的常态和完整的动作揭示动机，保持"透明"和"多义"的真实。长镜头（镜头段落）可以保证事件的时间进程受到尊重，让观众看到现实空间的全貌和事物的实际联系。长镜头体现了现代电影的叙事原则，摒弃戏剧的严格符合因果逻辑的省略手法，再现现实事物的自然流程，因而更有真实感。

在纪录生活自然流程、事物情状、生活细节等方面，长镜头具有无可比拟的魅力。

《望长城》里许多闪光的段落，如"焦建成与王向荣的母亲"、"十三边村小学女教师与一个小学生的夜读"、"长城遗址上两个小男孩的战斗"、"北极村的冰灯笼"、"十五的月饼"等，如果没有长镜头的表现，恐怕难以取得现在这样的情感效果。《望长城》中还有一个长达5分钟的镜头，描述焦建成找到牧羊人，与牧羊人谈论民歌，请牧羊人唱一段民歌，牧羊人起先不愿唱，在焦建成坚持下，最后高声唱出富有地方特色的牧歌。这一纪实镜头将情节发生的环境、人物关系、牧羊人情感的变化都一一展示出来。从牧羊人感到为难的面部表情到自然地进入演唱民歌状态，摄像机不断变换着角度，但镜头始终未断，很完整地保留了事件进程，具有浓郁的生活气息，使人感到真实可信。

长镜头已很普遍地运用于我们的电视节目中。长镜头除了能最大限度地捕捉生活本来信息，保持时空真实性外，还能使观众心理、视觉受到感染。带长镜头的"摄影机的活动，把注意力引向假想的观察者，而这个假想的观察者的活动就是由摄影机来再现的。这种镜头的内容不是直接看到的，而仿佛是通过对于这个内容有一定反应的某一个人的眼睛"（欧·林格伦：《论电影艺术》）。"某一个人的眼睛"就是现场的摄影者，长镜头是人眼睛的延伸。这即是说，长镜头使观众仿佛身临其境，犹如在事件的现场。《潜伏行动》给人心理上的紧张感觉，使观众仿佛也参加了那场战斗，正是一个典型的例证。

二、同期声

同期声是指用电子采录设备在纪录视频信号的同时纪录并在重放时与视频信号保持同步的真实的现场声音。同期声包括画面上出现和未出现的人物语言、动作声响、环境音响。

同期声是时空真实、生活真实不可缺少的因素。世界本就是视听统一的世界，没有声音的世界是无法想象的。荧屏上的人如果没有同期声，只见嘴动不闻其声，那么，关于这个人的所有解说、旁白都值得怀疑。当声音消失时，世界也就只剩下一半。

同期声使得电视可以与世界同步，保留了现实生活的环境氛围，最重要的，它恢复人的本来面目。所谓言为心声，当我们从被摄对象嘴里听到他自己的话时，我们可以直接而真实地了解这个人。《沙与海》中记者与纳鞋女子关于恋爱、婚姻谈话的同期声与动作细节的统一，非常生动地展示了人物心理。系列片《中国农民》有一集写记者采访一个传统文化较浓的村子，在田间，记者问一个年轻妇女经不经商、摆不摆摊，妇女笑着说不。再问为什么，妇女低头不语，羞涩地笑。良久，才不无自豪地说："我爱人是教师！"简简单单一个长镜头，朴朴实实一句话，便把人们在经济浪潮中的不同价值观念细腻地表达出来了。

除了人物声音，动作、环境音响也是同期声的重要组成部分。马赛尔·马尔丹说："音响增加了画面的逼真程度，画面的可信性几乎是大幅度地增长；观众事实上是重新找到了感觉的多面性，恢复了所有感觉印象的相互渗透性，正是这一切使我们看到了世界不可割裂的实际表现。"《大学第一课》如实地纪录了学生早起出操的脚步声音、脚踏步的声响等，从而增加了部队气氛。《人与自然》栏目中，蛇在草地上窸窣的爬行声音，鹰蛇搏斗的混杂声音……无不给人以深刻印象。

同期声的运用要注意与电视其他因素和谐统一，强调主次和层次，不能万马齐鸣，否则也将失去意义。因此，要有适当选择。在现实生活中，我们的听觉与视觉一样，并非对外界所有声音都兼收并蓄，而是对某几种、某一种声音特别关注。世界犹如一个乐队，在不间断地演奏交响乐，我们应从中抓住主旋律，再配以和声。

三、人物述说

人们常说："电视艺术是遗憾的艺术。"这是说拍完之后总有叫人不满意的地方。有些遗憾是没有办法的，有的却可以弥补。

如果严格按照用长镜头纪录真实生活的流程、世界的完整性、时空的具体性，对现在进行时的生活是可以的。但现在是昨天的继续，每个人的今天都有昨天的印记。最麻烦的是，有些人已经去世，过去的事不会再重新发生；有些人已经年老，他的辉煌与业绩也都在过去。消逝的往昔成为非常重要的表现内容，这时，与现在进行时形影相随的长镜头也就无能为力了。

不仅仅是历史，就是正在面前流走的今天，长镜头也并非万能。首先一点，我们绝大部分创作人员都不可能像拍《远在北京的家》、《龙脊》、《回家》、《山洞里的村庄》那样去拍摄，时间、精力、物力都不允许。即使一切物质条件具备，镜头

也只代表了编导自己的眼睛，而被摄对象是多侧面、多角度、立体的，更何况编导们又何从知道对象的动机、心理、情感呢？

完整的世界不仅是声画同一的结构，还是过去、现在、未来的互相统一，内在与外在的统一。

作为纪实风格，在长镜头、同期声之外，还必须充分运用人物的述说。语言是思维的外壳，可以"精骛八极，神游万仞"，将历史与现实、现象与本质都融汇起来。

系列片《毛泽东》和《伟人周恩来》是成功运用人物述说的典型。毛泽东和周恩来都已经逝世多年，拍摄他们的带传记性质的电视片，历史图片、图像资料自然不可少，他们生活与工作过的旧居还能拍到现在的场景。但历史的记载与图像多是大事，作为要表现他们既是伟人又有常人一面的纪录片来讲，是远远不够的。于是，编导们采用述说法，大量采访了当年毛泽东、周恩来身边的工作人员与服务人员，让他们以历史见证人的身份出现，饱含深情地讲述和回忆毛泽东、周恩来的事迹，其中既有国家大事，又有平常小事，亲切、生动而且真实，把当年的情景一一复现在我们面前。像毛泽东与赫鲁晓夫在游泳池会见，毛泽东晚年所读书籍，毛泽东青年时代做北大图书管理员等，都在述说中再现出来。对毛泽东带病接见尼克松的历史时刻，回忆者激动不已，深情地流下眼泪，现实与历史在这里水乳相融。

从上述例子中，我们看到，人物述说把历史与现实紧密连接起来，让历史在述说中复活。同时，人物的述说，把观众从现在引向遥远的过去，从而拓展了时空。

人物述说并不仅仅限于表现历史类纪实片，今天的生活也同样需要述说。它也不限于让被表现对象的领导、同事、朋友、亲人述说和评价，也包括人物对象自己的谈论。在这里，人物的心理、内心情感将得到很好展示。

可以说，只有长镜头、同期声和人物述说三位一体，才能真正将一个真实、完整的世界复原。

第四节　关于真实

一、生活即真

"真实是专题节目的生命"，这几乎是人人都接受并挂在嘴里的一句话。

那么，真实到底是什么？

对此，有不少文章作了探讨，不外乎将真实分为现象真实、本质真实和审美真实。大家都认为，本质真实高于现象真实，现象真实是肤浅的、虚假的。

我们认为，将真实分为现象、审美与本质三种类型是比较合理的，因为我们的世界就由这三部分组成。但三者的关系，却并不如上所述。与一般认为现实真实虚幻、不切实不同，我们认为三者中，只有现实真实最真最客观。真即生活。

首先来看看审美真实。

审美属性是人的本质力量的情感表现。所以，审美真实主要是情感真实。审美真实是人对世界的审美观照，在情感上进行判断真伪的结果，具有极强的主观色彩。对同一事实，会因审美主体的不同而千差万别。艺术作品大多属于此类。自然界的竹是绿色的，但国画里的竹多是墨竹，宋代苏东坡则画朱竹。《雪里芭蕉图》收春夏秋冬四景花卉于一幅画面之内，与自然不符，却画出了自然之魂，花卉之神。

不用多言，审美真实只存在于创作者与欣赏者心中，是一种主观情感，并无客观标准。对艺术作品来说，是可以的。但在求真的纪录片中，它是不真实的，它因人而异的变动不居使它丧失了客观性，不能成为大众共享的客观的真实。

再来看本质真实。

本质真实是人类自古以来就孜孜不倦追求的目标。可是，从一开始，就遇到一个令人困惑的难题：什么是本质呢？世界的本质真实是什么？结论是人言言殊。基督教的本质真实在天堂里，在耶稣的白日梦般的显圣里。佛教徒的本质真实在金光闪闪的佛光中。柏拉图说，本质是理念。现实社会是理念的影子，艺术是现实社会的影子；这三者中，只有理念是真实的，现实生活不过是理念的投影。在康德、叔本华的学说中，也一样将世界划分为"自在之物"的世界、意志的世界和现象世界、表象世界，前者决定后者，认为现象、表象是不可信、充满偶然、虚饰的、假的东西，只有自在世界与意志世界才是本质的、真实的。黑格尔的本质依然在理念上，认为"美是理念的感性显现"。

显然，这一切所谓本质真实并不真实。

本质是事物在发生、发展、运动中体现出来的规律，它是客观存在，不以人的主观意志为转移。可是，如上及下边所述，人类对本质的探索却令人失望。

经典科学家牛顿在发现那么多本质规律之后依然困惑，便向上帝去寻求推动地球运转的最高最后的动力，结果自然无所获。当代最具影响的科学家霍金，被称为"爱因斯坦第二"，在被问及上帝的存在与否时，他没有作答，似有难言之隐……以探求本质真实为任务的科学家的迷茫，似在表明本质真实本身的迷茫。

在今天，本质已受到严峻挑战。美国美学家巴尼特·纽曼说过一句著名的话："美学家看美学，就等于鸟看鸟类学一样莫名其妙。"西方哲学家、美学家已不再对几千年来纠缠不清的本质问题产生兴趣，而是绕道行之，避而不谈。在他们心中，似在叩问，真有一个本质吗？本质可把握吗？

我们的电视评论中，有人这样说："真实实际上是一种哲学上的形而上的假设，是人类的理性为了达到对世界的理解而凭空创造出来的。无法由人的实验或观察来

证明，科学也只是用某种假设近似地去描述世界。"还有人这样写道，"从美学意义上讲，'真实'是一个关于现实的神话"，"电视中的'真实'是形而上的"，"表达层面的行为表象，是客观现实的模拟形态……它与真实的命题无关"，"对于创作，它（真实性）只存在于创作者的良心之中"。上述引文中的真实，虽然作者并没有特别标明，但很明显，是指一种本质真实、审美真实。当本质真实仅仅依靠"创作者的良心"时，本质的客观性又何在呢？事实上，我们在这儿看到的，已不仅仅是对本质真实的怀疑，而基本上是否定。

或许，他们是正确的，至少在一定程度上。本质真实是一种完美的真实，它是人们主观思维探索的结果，是人类向往的一座玫瑰园，却永远可望而不可即。

回顾人们对真实的追寻轨迹，会发现很有意思：首先，生活真实是不可靠的，它是偶然、表象、不真实；其次，本质真实才是真正的真实，它高于现实生活的真实；再次，本质真实是一种难以捉摸的彼岸假设。从中，我们很容易就得出结论：本质真实也惝恍迷离，也不真实。它会因人类认识能力而受局限。

既然连本质真实的高楼大厦都坍塌了，照传统观点，现实真实又哪有立锥之地？这样，我们的世界还有什么真实存在呢？世界便成为一片海市蜃楼，一切都捉摸不定，变幻莫测。可是，世界却需要支点，而且是强有力的支撑。摸摸自己的胸膛，有一颗心在踏踏实实地跳跃；睁开自己的眼睛，看见一片片美景……当我们仰望苍天、对隐藏无形的本质真实顶礼膜拜之时，当我们说真实是一种想象、一种情感时，似乎一点也没有想到我们是站在一个真实的现实世界上。我们是这样坚实地屹立在地球和宇宙中，怎么说这一切都不真实，只是一种虚假、一个神话呢？

如果说审美真实主观色彩太浓而不具大众性、客观性，本质真实因受人类认识水平的限制而难以获得、会出现偏差，其真实性、客观性也受到怀疑，那么，我们认为，只有一向被称作不真实、虚幻的现实生活才最真最客观。

自古以来，现实真实就蒙冤受屈，人们总是以轻蔑的口吻提到它，称之为"表象"、"现象"。可是，我们一边说它的"坏话"，一边却依赖它生活，现实而真实地生活。当我们说现实不真实时，我们是先验地看待它，按历史的、社会的、传统习俗的观念看待它，而不是以生活存在本身来判断。我们会因世上的事物不符合心中的先验的真实而宣判它们不真实。假、丑、恶有悖于我们的情感与审美，但怎能因此而说它们不是一种真实存在？

黑格尔有一句人所共知的名言："存在的便是合理的。"马克思也讲：一切看似神秘的事物，总能找到它的原因。人们说世界有如雾里看花，真真切切、虚虚假假难以分辨，这只能表明世界的丰富与复杂，只能说明我们还缺乏"慧眼"，并不能成为现实不真实的依据。一个人花言巧语，矫揉造作，我们可以说这个人虚伪、虚假，但他与他的言行却是真真实实的存在。

可见，是先验"精神的锈斑"和对现实五彩缤纷的认识的无力导致我们把现实抛进虚幻、不真实的行列。现在，我们大都能理解车尔尼雪夫斯基一百多年前提出的"生活即美"，为什么不能接受"生活即真"呢？引用车氏同样的例子，难道我们不感觉到一个血肉丰满、活泼可爱的现实中的少女比一个抽象的"本质"的少女更真实吗？真实必须回到现实中来，而不是高悬在抽象的本质上。这样，"真善美"三位一体才有了依托和根基。

"找到源头，就找到了本质。"现实真实是审美真实和本质真实的源头，那么，真实的本质必然植根于现实真实中。现实、审美、本质三种真实的划分只是分类的需要，并非厚此薄彼的标签。事实上，三者从来就是辩证的统一，其中现实真实是核心，它包孕着本质真实，又给审美真实提供契机。如同不能像前面对本质真实否定一样，我们也不能说现实真实只是表象、虚假。相反，现实真实是唯一客观的真实。审美真实是人们的情感观照判断，可以一千个读者有一千个哈姆雷特。本质真实是人类对世界认知的结果，往往因我们认识能力的局限，要么屡屡出现偏差，要么难以企及。这样，审美与本质两种真实便不完全、不客观了。归根结底，本质的获得也是人主观思维的产物。只有现实真实，作为物质时空存在与运动的方式，始终以本来的面孔呈现给大家，最真实最客观。

二、多重假定的真实

"生活即真实"，这一观念正越来越被人们所接受，归真返璞成为人们内心的渴望。纪实风格电视专题节目的受欢迎，正表现出人们观念的这种转变。复原现实真实生活，纪录原汁原味，强调过程，细节真实，声画一体，跟踪拍摄，已是今日纪录片的基本原则。

巴赞曾说过一句精彩的话："纪录镜头摆脱了我们对客体的习惯看法和偏见，清除了我们蒙在客体上的精神的锈斑。唯有这种冷眼旁观的镜头，能够还原世界以真实的面貌。"

纪实风格作品的第一个目的，显然是要将观众拉回到现实真实，而不是停留在空中的审美真实和本质真实。它要给我们一个较以前客观得多的世界，一个似乎是崭新的世界，给观众提供获取崭新的审美真实和本质真实的养料。由于技术与观念的发展，我们几乎已达到与现实真实同步。

但是，现实没有重复性，也没有替代性。即使是最严格的纪实风格作品，也已不是生活本身，它变成对现实真实多重假定之后的真实。

从生活原生形态的现实真实出发，到达电视编导的眼中，经过选择、淘汰与提取，这是第一重"假定"。经过摄像机、编辑机、特技机……的处理加工，又是一重"假定"。在播放过程中，不同类型、不同传输效果的电视荧屏，也是一重"假定"。最后到达观众面前，因为不同身份、教养、国家、地域以及不同心理生理状

况，还得经过一重"假定"。

尽管这样，真实的基础依然是现实真实。

三、超越真实

多重假定的真实是不可避免的。我们不必为不能完全复原现实真实而担心，因为纪录片的最终目的并不是求得一个绝对的真实。真实只是其中一个目的，更确切地说，真实只是纪录片的基础和立足点。

不妨想一想，难道《沙与海》只是为了展示沙漠牧民和海边渔民生活的真实吗？难道《龙脊》只是为了向我们诉说孩子们上学、放牛、淘金的真实性吗？绝不仅是这样。真实只是对一种事物、一个世界客观存在的知识性介绍和呈现。通过对现实客观真实的纪录，我们可以了解到许多不知道的事，看到另一些生活与我们完全不一样的人。而纪录片的最终目的，应是引起我们的思索，让我们从那些真人真事真情真景中，体悟到一种精神、一种生命。换言之，纪录片的最终目的是对真实的超越。

超越真实的渴望与人们对真实的渴望一样强烈。所以，人们一边看着新闻、专题节目、纪录片，另一方面却又在电影、电视剧的梦幻中沉湎。所以，好莱坞越来越盛气凌人。

对纪录片来说，真实是起点，却远远不是终点。真实不是最终目的，而只是一种铺垫，是达到最终目的的重要手段。而达到目的的手段是多方面的，如选材、取舍、角度、编辑、蒙太奇等，它们异曲同工地为目的服务。所以多重假定的存在，一方面是物质技术条件的限制，另一方面也是为了达到超越真实的需要。

因此，我们在采取纪实风格创作时，不能为纪实而纪实，不能仅仅停留在真实阶段，而要调动多种手段，为纪录片的更高目的——超越真实而努力，艺术地处理好真实与创造、客观与主观、再现与表现、距离与参与、长镜头与蒙太奇、原生态与戏剧性等关系。

第五节　纪实、生命与诗意

一、与生命同在

世界摄影大师布莱松曾拍过一张著名照片《星期天的早晨》，照片上是一位 10 岁左右的小男孩，怀里抱着为爸爸买的大大一瓶啤酒，满脸自豪地笑着走在回家的街上。几十年后，照片中的男孩已 50 岁诞辰，应该已是白发苍苍的布莱松应邀前往祝寿。时光如水，人生须臾，回忆当年一幕，二人心情该是多么激动，虽非隔世却恍若隔世。

与生命同在，纪实的魅力盖在于此。

如果说艺术可以分为虚构与非虚构两大类的话，纪实风格纪录片无疑是后者中最最纯粹的代表。电影故事片、电视剧也有活的、物质的、可见的生命，但它是一种演出、一种模仿、一种想象。所以，人们会说某电影、某电视剧、某幅画很精彩、很形象，就"像"真的一样。可是，人们从不会评论一部纪录片"像"生活，因为它本身就"是"生活。

黑格尔说："美是理念的感性显现。"这种感性显现可以是人造的——如一切虚构艺术所示；也可以是现世中的真实存在——如纪录片中所呈现的真实生命。

在柏拉图的脑袋中，艺术是现实的影子，是对现实的模仿。影子到底不是事物本身，它只是一个投影，可能更美丽，却也更虚幻。活泼的生命才最可爱，最令人心动。难怪善解人意的维纳斯女神要将雕塑家皮格马梁的少女雕像复活成真人，给僵硬的石头注入生命了。

纪实风格纪录片是一个盒子，装载着人类真实的生命。我们可以触摸到这个生命的脉搏，呼吸到它的气息，可以感受到这个生命在世界上某个角落里真实地欢笑、哭泣。我们没有去过龙脊村，但我们知道那里有一群活泼可爱的孩子在渴慕着外面的世界；我们没有去过青藏高原，但我们可以看见那儿有另一种与我们完全不同的生活。

生命要孕育，生命有诞生，有成长，有衰老。与生命同在，纪实风格纪录片于是随着生命的成长而成长；德国有一部纪录片纪录了一个人从出生到三十多岁的生命历程，日本纪录片《望子五岁》也类似。

世间难道还有比生命更可贵的东西吗？没有！所以，《老照片》会一辑又一辑地出版，会一版又一版地脱销，因为它们纪录了真实的生命和历史。可是，我们看老影片，却不会有这种感觉。故事影片中角色永远不变，缺乏强烈的生命感和时间感，犹如神话和童话中的人物，有不变的容颜，是长寿永生的。而生命必然与时间随影而行。哈姆雷特永远年轻、忧郁，莎士比亚却已辞世几个世纪。《罗马假日》中的公主永远美丽、高贵，而奥黛丽·赫本已香消玉殒。因为莎士比亚、赫本是真实的存在，是有血有肉、真实的生命，所以曾经年轻，自然也会衰老。有人说："没有皱纹的祖母是可怕的，没有白发的老者是遗憾的。"纪实片不会去虚构神仙世界，只纪录那一个个鲜活的生命，有生也有死的生命。

与生命同在，使纪实风格具有独特的审美价值，即对真实生命的热爱和敬重。

与生命同在，所以，纪实风格表现出真正的人道主义精神，即浓郁的世俗关怀。

有人说，从上世纪到本世纪，传统价值标准、伦理道德观念纷纷崩溃，留下一片黑暗和混乱，人们惊恐万状，方寸大乱。但其实，这也是好事，狂风暴雨过后，一片晴朗；在碎片中，在平平常常的生活中，一个崭新的人类站立起来。这是一个

纯世俗带着泥土芳香的面孔。

纪实风格纪录片既是人类世俗化的体现者，又是人类彻底世俗化的推进者，在人类自我认识、自我观照中起了很大作用。"讲述老百姓自己的故事"、"给我一个镜头，让我看看自己"，纪录片将镜头对准现实生活，对准有血有肉、有活泼生命的人类自己，而不再是虚无缥缈的神和上帝。

纪实镜头有一双温情脉脉的眼睛，温柔地关注着人生。它告诉我们，世上最漂亮最美丽的是现实中的我们人类自己，是与我们生活密切相关的万事万物，是我们生活的世俗世界。

纪实风格的纪录本性和摄制手段，纪录过程和现在进行时，令它对过去捉襟见肘，对未来望洋兴叹。但这一不足却成就了它的优点：掌握现在，把握今天，关注此时此刻。

昨天已如离枝之落花枯萎凋零，明天还遥不可期，一切尚处在未知中。唯有今天实实在在，何不伸手抓住？

纪实是一个执著的现实主义者！它不仅与生命同在，不仅让我们回归本真与世俗世界，还潜移默化地启示我们和告诫我们：要珍惜生命！生命就是今天！就是此时此刻！

二、关于诗意

在人们心目中，纪实仿佛与诗意无缘，只有蒙太奇才激情澎湃。事实却远非如此，因为生活本身就充满诗意，人本身就是一首不朽的诗歌，真实纪录现世生活和人的纪实性纪录片必定是诗意盎然的。

《沙与海》、《最后的山神》、《藏北人家》、《龙脊》等，不仅仅是一部部纪录片，更是一首首隽永的诗。我们能说《沙与海》中女孩的滑沙、家人打沙枣、拣沙枣不是动人的诗节吗？我们能说《藏北人家》里悠闲的生活不是一种诗？

海德格尔说："人类诗意地栖居。"诗与美就在我们身边。

几年前9月新生开学时的一个傍晚，学校食堂里人已不多，几乎是新生和父母。他们可能是第一次来到北京，或者以前来过，但这次却完全不一样，是以骄傲的天之骄子和其父母的身份来到这儿，满脸的喜悦和兴奋，还有陌生与新奇。孩子去买菜、打饭，俨然是主人。傍晚的阳光余晖掺和着树叶的绿意，很瑰丽地照射进来，将一家三口罩在美轮美奂的逆光里。他们其乐融融地聊天，看来来往往的老生和与他一样稚气的新生，把一顿平平常常的晚餐吃得格外香甜，意味悠长悠长。

看到这一幕，难道你不激动吗？你不感到天伦之乐的美妙吗？你不由衷地沉浸在一种温馨和幸福里吗？难道你还会对报纸以前所谓父母送孩子上大学不利于孩子成长的论调不持怀疑态度？不，你根本就忘记了那些论调，你只会深深地被感染、迷醉其中。你会蓦然间想到拉斐尔的名画《圣家庭》。你会想到伯格曼的电影《第七封印》。

你只恨自己没有尽快把这一情景纪录下来。

一个生命就是一首诗，生活就是诗，诗意环绕着我们。但现实生活是这样丰富多彩、复杂纷繁，往往缭乱了我们的眼睛，令我们目不暇接而迷失。同时，历史和社会的文化积淀犹如层层网络，滋养我们又束缚我们，牢牢地编织着我们的思想，使我们与真实生活中的诗意对面相见却不能相识。生活诗意的光辉如此辉煌，可怜我们却视而不见，失之交臂。

正因为这样，一旦我们睁开双目，看到现实生活美丽的诗意的面孔时，我们会喜不自胜。

纪实清除了我们的"精神锈斑"，恢复了我们的慧眼和明眸，开启了我们幽闭的心灵，还原世界的清澄和诗意。

美国人德里克·多伊芬格写道："在你的生活中，那些熟悉而普通的事物绝少引起你的注意。而它们的力度恰恰蕴藏在这种普通和熟悉之中。当你能够以一种激发起人们的感情的方式拍摄它们时，观赏者们会因为这些东西的无比平凡而加倍地动情，谁都会感到出乎意料。这些东西犹如一个文静的小孩，走过大街消失在他的小木屋里，谁都不会在意，直到有一天你走过他的木屋，听到从里面传出了巴赫的协奏曲时，你才会注意到他。谁承想到这小孩，还有这一手呢？"（《看的艺术》）

这需要我们的创作者有灵心慧智，在那少年走过大街时就捕捉住他，从他的眼睛里看到音符和旋律。

风格是一个人对人生对世界的观照方式。与表现风格的蒙太奇相比，纪实风格的长镜头更是一位诗人，他是那样一往情深，沉浸得那样深远，以至于忘记了周围的世界，久久不能自拔，仿佛陶醉在一个感人的梦境不愿醒来。与此相反，蒙太奇却常常"精骛八极"、"心游万仞"，显得心猿意马、心不在焉、三心二意，游离身边的恋人而移情别处。

纪实的现实的诗意更有力量，更具魅力。我们不妨想一想"史诗"这个词，想一想这个只有极少数伟大作品才能荣获的称号，竟是将现实的"史"与艺术的"诗"联系在一起。鲁迅称《史记》为"史家之绝唱，无韵之离骚"，历史与诗又何曾分离过？而且正因为二者紧密相融，才演绎出千古绝唱。

荷尔德林说："谁沉浸到最深邃的深，将热爱这最生动的生。""最生动的生"，即生机勃勃的纪实的现实生活，蕴含着最深刻的思想哲理，也洋溢着最动人的诗情。

一个少年走过来，消失在他的小木屋，接着，里面演奏起巴赫的协奏曲，纷纷的音符在空中荡漾。于是，我们看到，刚才还十分平凡的少年从五彩的光环中向我们走来，如一首迷人的诗飘逸而至。

我们的纪实镜头最完美地纪录了这一过程，纪录了青春荡漾的生命和诗意。

第六节　纪实与影视艺术

古希腊美少年那喀索斯走过河边，透过清澈的河水，照见自己俊美的面孔，不禁为之倾倒，深深沉溺、迷恋，不能自拔，以致憔悴而死。

这则久远的神话故事无疑揭示了人类先天的自我迷恋情结。镜子的发明，我们每天的揽镜自照，与古希腊美少年的临河照影，应该有着同样的心理。当女人们在镜子前一坐就是一小时甚至几小时的时候，其痴迷程度何曾稍逊于那喀索斯呢？

而最叫人怦然心动、黯然销魂的是美少年看着水中的自己，竟不能自持地走向水中想要拥抱自己影子的那一瞬间。在那一刻，阻隔真实的人与他的影像的河面、镜面被粉碎，镜外自我与镜中自我合二为一，现实与想象熔铸在一起。这与庄周梦蝶寓言中的化境可谓异曲同工。

而纪实与影视虚构艺术的相互结合，其妙如是。

一、历史回顾

回顾我国当代影视发展，"纪实"、"巴赞"可以说是人们谈得最多、出现频率最高的词汇。20世纪90年代以来，尽管娱乐化、平民化、新英雄主义等影视文化思潮浩浩荡荡，但是，能够对影视语言本体、对影视艺术创作实践以及对广大观众产生革命性、里程碑式影响的，大概只有纪实主义。娱乐化、平民化、新英雄主义主要是社会文化思潮在影视创作中的投影，而纪实主义则不仅仅如此，它首先具有的是影视语言本体论意义。只有当这种语言本体地位确立以后，它的影响才可能深远、持久、彻底，而不是昙花一现。

从20世纪90年代开始，纪实主义几乎波及影视艺术的每一个领域，产生了一批有影响的作品。

以1991年播出的大型电视纪实片《望长城》为标志，我国电视界从几十年一以贯之的主题先行、画面配解说词的传统创作模式中摆脱出来，确立起纪实美学的原则。接着，在影视界进行的纪录片与专题片等讨论，进一步扩大并巩固了纪实美学的影响。在电视界，曾经一度是人人言必称纪实。在纪实美学指导下，我国电视开始走与国际接轨的道路，不少作品获得了国际性大奖，呈现出我国纪录片创作前所未有的繁荣局面。这些作品有王海兵的《藏北人家》、《深山船家》、《回家》，康健宁的《沙与海》，孙曾田的《最后的山神》、《神鹿啊神鹿》、《祖屋》，陈晓卿的《远在北京的家》、《龙脊》，梁碧波的《三节草》，等等。中央电视台和上海电视台都设立了相关的纪录片部门，上海文广集团还有专门的纪实频道，中央电视台的《生活空间》、《新闻调查》以及其他新闻类专题，无不贯彻着纪实美学。

在电视中，除了纪录片、专题片和新闻类节目外，文艺节目也纷纷加强自己的纪实因素，以增强真实性和生活的分量。比如大型文艺晚会，在传统的歌舞、小品、相声之外，中间穿插大量的实景拍摄的纪实性片断，将嘉宾请到现场采访，或者，许多歌舞、小品本身就是在演绎一个真实的故事。纪实的真实加上艺术的升华，增强了感染力，比如较早的春节晚会上小保姆的故事和歌曲《爱的奉献》、2008 春晚中航天英雄们上场引发民族与国家自豪感、掀起晚会高潮从而进入零点钟声环节。

在电视剧中，当古装剧、历史剧、言情剧、戏说剧沸沸扬扬之时，纪实性电视剧却以自己的独特魅力大放光彩，特别是在公安侦破类题材中，身临其境的现场感、紧张感、真实感、期待感吸引了不少观众，从《九·一八大案纪实》、《黑槐树》、《凤凰琴》到《一级恐惧》、《女性犯罪实录》等，可谓方兴未艾。《贫嘴张大民的幸福生活》、《儿女情长》、《咱爸咱妈》等电视剧，更以自己对普通百姓生活与情感的关注和浓厚的人文关怀精神而成为佼佼者。

就我国电影而言，纪实观念的出现早于电视。新时期刚开始的 70 年代末 80 年代初，由于几十年的闭关锁国，我国电影界是苏联蒙太奇美学一统天下，并日趋僵化。改革开放之后，国外各种电影理论纷纷拥进来。在这种背景下，西方四五十年代出现的巴赞纪实电影美学作为其中影响最为深远的一个流派，以自己朴实的面孔走进我国电影人的视野。以白景晟的《丢掉戏剧的拐杖》和张暖忻、李陀的《谈电影语言的现代化》为契机，引爆了电影界一场声势浩大的电影语言大讨论，对文学性的、戏剧性的传统电影进行了批判，强调电影自己的独立性，而电影性主要就是巴赞的照相性。

邵牧君在《电影随想纪要》一文中曾总结说，1979 年最重要的现象是"巴赞和克拉考尔的电影理论在电影界得到了传播，引起了议论，发生了影响。人们谈论电影艺术，已不再看必蒙太奇，引必爱、普、杜，纪实性、长镜头、多义性等新词汇流行起来了"。

在这种思潮影响下，80 年代曾创作了比较有影响的纪实性影片，如《沙鸥》、《邻居》、《城南旧事》等。在《南昌起义》、《西安事变》、《血战台儿庄》等重大革命历史题材影片中，创作者追求纪实性与文献性相结合，取得了突破。但是，电影界的这股势头很快就被娱乐化冲淡了，没有占据主潮。到 90 年代，伴随着电视纪实浪潮的强大声势以及时代背景的变化，电影中的纪实主义又繁盛起来，并在叙事方式、语言运用等方面都趋于成熟，出现了《秋菊打官司》、《有话好好说》、《一个都不能少》、《过年》、《站直了别趴下》、《南京大屠杀》、《离开雷锋的日子》、《背起爸爸上学》以及《周恩来》、《大决战》、《大转折》等一大批优秀作品。

就世界范围来看，上世纪 90 年代以来，素以制造梦幻与奇观的好莱坞竟也大兴纪实之风，且都是名导演、大制作，如斯皮尔伯格的《辛德勒的名单》、《拯救大兵

瑞恩》，罗伯特·泽米基斯的《阿甘正传》，奥立佛·斯通的《刺杀肯尼迪》、《尼克松》，等等。

综上可知，或者彻底地回归自然，以客观真实的人、事、物为表现对象，或者借真实效果外衣制造、虚拟现实，不管怎样，人们都在向纪实美学回归。

二、理论基础

纪实美学以巴赞的摄影影像本体论为理论基础。

1945 年，巴赞发表《摄影影像的本体论》一文，比较明确地阐述了他的观点。他认为，人类有一个基本的心理需求，那就是与时间相抗衡并征服时间，古代埃及人涂防腐剂香料殓藏尸体制作木乃伊就是一个例证。在木乃伊成为古代埃及的第一个雕塑后，人类的造型艺术史——不仅是美学史，首先是心理学史——基本上是追求形似的历史，或者可以说是写实主义的发展史，这是指想用逼真形式的永恒克服岁月流逝的心理需要。在这一追求逼真永恒的过程中，透视画法的发明具有决定性意义，它使画家有可能制造出空间的幻象，即现实的幻象。

巴赞写道："透视画法成了西方绘画艺术的原罪。"而"替它赎罪的人是尼埃普斯和卢米埃尔（兄弟）"。就是说，照相术和摄影机终结了画家们孜孜不倦地对现实幻象的追求，从而解放了他们。因为，绘画要想一丝不差地再现现实是徒劳的，而照相机却轻而易举。"唯有摄影机镜头拍下的客体影像能够满足我们潜意识提出的再现原物的需要……摄影影像具有独特的形似范畴，这就决定了它有别于绘画，而遵循自己的美学原则。摄影的美学特性在于揭示真实。"

既然如此，电影本性就应该是对物质现实的客观还原，用世界自己的形象重塑世界。

巴赞分析了意大利现实主义电影，提出了长镜头与纵深镜头理论，认为它们可以保证客观世界在时间和空间上的连续性和完整性。另外，还强调非职业演员的使用和外景实景的拍摄等。长镜头与纵深镜头理论至今依然影响巨大，成为蒙太奇之后的第二个电影美学里程碑。

事实上，最早的电影就是纪实的，比如《工厂大门》、《火车进站》等，纪实主义可谓源远流长，但仍属初始阶段。20 世纪 20 年代，苏联的维尔托夫被公认为纪实主义美学的奠基人，他摄制统称为《电影眼睛》的杂志片，发表了《电影眼睛派宣言》，反对一切艺术虚构。弗拉哈迪 1920～1922 年拍摄的《北方的纳努克》成为纪实性美学电影的经典作品。20 世纪 30 年代，格里尔逊组织了"英国纪录学派"，而荷兰纪录片大师伊文思则用自己的实践把纪实性美学提到新的高度。

第二次世界大战结束后，为了反抗好莱坞电影的"梦幻"麻醉和意大利法西斯电影的欺骗宣传，意大利现实主义电影崛起，罗西里尼、德西卡、桑蒂斯、维斯康蒂等人拍摄了《罗马——不设防的城市》、《游击队》、《偷自行车的人》、《罗马 11

53

时》、《橄榄树下无和平》等一大批优秀影片，明确提出了"还我普通人"、"把摄影机扛到大街上"的口号，以质朴的手法纪录，表现普通人的生活，产生了强烈反响，体现出纪实主义美学的巨大感染力。

而巴赞则从电影语言本体论的高度，为纪实美学奠定了理论基础。

三、真实与真实感

纪实是一种美学风格，一种审美态度，一种对现实的观照方式，其次，纪实是影视艺术的一种表现手法。

与纪实截然不可分的是真实。但纪实绝不等于真实，这一点早就有人提出来。尽管如此，关于真实的问题却一直争论不休，有文章指出真实不过是哲学上一个形而上学的假设，并没有一个客观存在，它完全依赖于创作者个人的"良心"。如果真是如此的话，纪实美学辛辛苦苦追求的结果竟是一场空，那岂不是莫大的讽刺，事实显然不是这样。当真实颓然山崩时，纪实又有何立锥之地？

以前把真实分为客观现实真实、审美真实和本质真实，现在观之，又可将之归并，认为分为真实和真实感似乎更容易理解，更具有实践指导意义。这样一来，真实一方面是现实世界的一种客观展示、呈现、存在；另一方面，是我们主体对世界的认知和判断。于是，对我们平常笼而统之叫做"真实"的概念，进行更加严格的区分，前一种情况是客观存在的真实，后者则是一种真实感、真实性。

当真实与真实感分开之后，纪实与真实的关系才可能清楚，而过去一直是混淆的，并导致实践中的问题。

纪实作为一种美学风格，本身不是目的，目的或者是达到客观真实，或者给人真实感、真实性。

1995 年前后，国内有人用扮演方式拍摄了有关南京大屠杀的纪录片，由于技术、效果欠佳，结果几乎被全盘否决。否决者振振有词，主要论点是："纪实岂能相容搬演？"时隔不久，英国 BBC 制作的大型纪录片《失落的文明》被引了进来，搬演是其最主要的拍摄方式，但无人怀疑它的真实，而且，此后，搬演在纪实片中获得了地位。

挟西方媒体的权威，我们承认了扮演在纪实中的合法性，但我们是否弄清了其中因由呢？恐怕许多人并未去想这个问题。究其实，依然是人们没有分清"真实"及"真实感"。试想一想，扮演之后的纪录片给我们的肯定不可能是几千年几百年前原汁原味的世界原物，不是一个"真实"存在的呈示，但是，我们获得一种"真实感"，尽管看不见原物"真实"，却相信、感觉是真实的；同时，由于纪录片特有的处理方式，这种"真实感"又不同于影视剧的虚构与扮演。

只有分清了"真实"与"真实感"的差异，我们才不会对扮演之类纪实方法感到惊奇，视为异类。更重要的，我们才能拓展和丰富纪实美学，而不至于画地为牢，自我束缚，也只有这样，我们才会认为纪实中加入艺术虚构、艺术虚构结合纪实是理所当然的。

事实上，由于我国电视事业的勃兴与电视纪实潮，由于对主题先行传统"拨乱反正"的"策略"需求，更由于矫枉过正的误读，"纪实"一词几乎是电视新闻片、纪录片、专题片的专有名词，它被牢牢地禁囿于"客观纪录"的藩篱中，差不多只仅仅与"真实"同义，却将"真实感"排除在外，这是对纪实美学的大大裁减，严重地削弱了其丰富的内涵与宽广得多的外延。

透过电视纪录片、专题片、新闻片的窗户向外张望，我们发现了另一种纪实，那就是电影、电视剧中的纪实，亦即艺术虚构与纪实的融合，其目的不是呈现客观真实，而是创造一种真实感和真实性。

"真实"与"真实感"都是纪实所拥有的。

四、纪实风格影视艺术分类

根据纪实与真实、真实与真实感的关系，即：或者呈现一种客观存在状态的真实，或者创造一种真实感、真实性，我们可以将纪实风格影视作品分成如下几大类。

第一类：纯粹的纪实，即从表现内容到形式都是纪实的，不加人为干扰，其目的是对真人真事真物生存与存在状态的展示，注重纪录生活的原生态，被摄对象处于一种相对自足、自然的状态。这一类作品从卢米埃尔兄弟开始，经维尔托夫、弗拉哈迪、格里尔逊到伊文思，形成了自己严格纪录生活的原则，即我们通常所说的纪录片流脉。20 世纪 90 年代，这种类型纪实片风靡我国电视界，涌现出一大批严格纪录现实的纪录片，并且走向世界。

这一类型纪实作品具有强烈的现实关怀精神，直面现实的艰辛与苦难，发现与挖掘平常性之美与生活之美，关注生活中的个体生命和普通人的生活。比如《藏北人家》以平静、平等的口吻对藏北牧民一家生活的介绍，表现出对其生活的理解或赞美。《远在北京的家》纪录一群远离故乡的小女孩的生活遭遇。《三节草》介绍主人公传奇式一生，表达对人世沧海桑田变迁的感悟。

严谨的创作态度和浓郁的现实情怀，为这一类型纪实片赢得了很好的精神品格。

第二类：可以叫做准真人真事，内容主体有真实基础，但局部情节、细节则可能有虚构的成分。许多人物传记片，如美国的《刺杀肯尼迪》、《尼克松》、《辛德勒的名单》以及我国的《周恩来》、《孙中山》等就属于这一类型。纪录片、专题片中为了生动表现历史某个场景或人物而采用搬演方式，也可以划为此列，因为历史上确有其人其事，但真人真事已不可能重现，所以是搬演真人真事，这是近些年比较流行的拍摄手法，所谓情景再现与搬演，比如《故宫》、《圆明园》、《大国崛起》等。而电视剧中颇流行的纪实片，如根据侦破案例重新演出的"大案纪实"，以真人真事为基础，同时强调叙事上的纪实手法，以增强观众的亲历性和紧张感，同样

55

可归为一类。

第三类：可以叫做仿纪实、拟纪实。这种纪实作品主要是在电影故事片和电视剧艺术中，并且日益扩大着自己的影响。之所以叫仿纪实、拟纪实，是因为对这类纪实模式而言，"纪实"一词纯粹是风格、观念、手法上的含义，或者说，主要是追求一种纪实的表现和叙述手法，而不是内容。内容基本上是虚构，人物与情节都是艺术创造出来的，但它采用纪实的外表来包装，竭力营造一种真实的效果和感觉。比如美国影片《阿甘正传》和我国的《三毛从军记》，在主体人物与情节虚构的基础上，却加进了历史上真实的人与事，如《阿甘正传》中的猫王、肯尼迪、尼克松以及越战、中美乒乓外交，又如《三毛从军记》中的蒋介石。张艺谋的《秋菊打官司》、《一个都不能少》中，非职业演员的运用、叙事策略、叙事方式和纪实追求，都呈现出这一类纪实作品特征。

第四类：泛纪实，或称作广义纪实类。这类影视剧作品很多，应是在广泛地将电影分为形式主义与纪实主义两大类的意义上来使用。但是，尽管如此，其纪实性特征依然很明显，比如电影《城南旧事》、《站直了别趴下》、《埋伏》，电视剧《贫嘴张大民的幸福生活》、《儿女情长》、《咱爸咱妈》等。到这一类型，纪实的内容与手法是相融一体的，不像第二、三类的手法那么明显，形式已泯然于内容中。

五、类型背后：内容与形式的此消彼长

从上述分类可以看出，其实核心是表达内容与表达形式相互变化的过程。

第一类以纪录片为代表，从内容到形式都纪实、客观，而且由于内容的完全真实，使形式的客观性意义往往被观众忽略。第二类以历史文化类纪录片、人物传记片、大案纪实为代表，内容总体真实，但因人、事已逝，不得不采取搬演等方式，原有时空真实与完整性不可能，形式因素变得明显重要，真实却已逝去的内容非常依赖形式的"纪实"。第三类，内容是艺术虚构，真实的感觉与效果更加得由纪实手法——即形式——来承担和完成。比如《秋菊打官司》、《一个都不能少》，如果没有纪实手法的外在形式，将是难以想象的。到第四类，可以说由于整体内在精神的现实主义、纪实主义，内容与形式是融洽、平衡的，这一点与第一类相似，精神实质上也颇相同，但第一类纪实毕竟以真人真事真物为对象，第四类则是抽象出来的、普遍意义上的真实和真实性。如果说第一类更趋向于物质层面的真实状态的话，第四类则似"大象无形"的本质层面的真实感受。

综而观之，从第一类纯粹的纪实到准真人真事和拟纪实，内容的客观现实性逐渐弱化以至于无，而纪实的形式则不断加强并成为主要特征。大家知道，对形式的自觉是艺术自觉的开始，可见，第一类向第二、三类的发展过程便是纪实向虚构艺术演进，是艺术虚构对纪实美学的自觉吸纳。到第四类，吸纳的则不再是外在的纪实形式，而是纪实的美学精神，所以，形式又消融于内容中。《城南旧事》、《贫嘴

张大民的幸福生活》是体现纪实性美学的，但我们已看不见《秋菊打官司》、《一个都不能少》那种纪实的形式痕迹。

虚构艺术对纪实美学的吸收，亦即纪实美学对艺术虚构的介入，这是虚构艺术发展到一定阶段的必然结果，往往是艺术身陷困境、无力自拔时的必然出路。来自民间的，带着浓浓乡土气息、生活气息的艺术——纪实艺术当然是其中重要一部分——一般都会以终结者和拯救者的身份出现，从而引发艺术的新发展。文学史上《诗经》、汉魏古风对于齐梁绮靡诗风，绘画史上户外写生、崇尚自然光色的印象画派对于僵死的学院派、古典主义画派，莫不如此。

纪实美学兴起于我国影视界，除了社会文化心理因素外，传统的多年一贯制的主题先行模式电视专题片、纪录片已经走向死胡同是电视自身发展中的一个重要原因，它必然要由纪实美学来代替。影视剧中，20世纪90年代以来，胡编乱造、浮华、虚假、浅薄之风泛滥，观众早已厌倦，其出路不可能是内部一个情节一个人物的小修小补，只能是强有力的外来冲击，如《贫嘴张大民的幸福生活》、《一年又一年》等都以纪实美学为自己的追求。

具体来说，纪实美学的介入，使影视虚构艺术拥有了深厚的现实基础，而不是脱离生活、虚无缥缈的无聊拼凑。最重要的，纪实美学带来的浓郁人文品质和世俗关怀，充实了虚构艺术的精神内涵。许多经典影视剧能传后世，并非因为其奇思妙想，却是由于一个个精彩的纪实段落和世俗情感。

电影大师伯格曼与塔尔可夫斯基、费里尼并称世界现代艺术电影的"圣三位一体"，是可数的电影大师，其作品深受20世纪五六十年代存在主义哲学思潮的影响，注重心理的真实，常用奇异的梦幻打破现实时空的限制。那些梦幻片断不可谓不精彩，但是，其中的一些世俗纪实场景似乎更加令人难忘，更让人觉得韵味隽永。《第七封印》是人与死神的较量，该说是比较形而上学的命题了。但这种命题只有在那一个平凡的世俗家庭映照下才具有意义，也才突显出其深刻性。片中有这样一个著名的纪实性段落：死神正在来临，世俗家庭一家三口在斜阳余晖里全然不知，正举行着幸福的晚餐。骑士看到这动人的一幕，不禁沉吟道："我将记住这一刻，这寂静，这暮色，这一碗草莓和牛奶，迈克尔的安睡，约夫和他的琴。我要小心翼翼地捧着这记忆，就像捧着满满一碗鲜牛奶一样。"于是，沉浸在这人世间平常的却动人心魄的幸福里，骑士故意掀翻棋盘吸引死神的注意力，拯救了约夫一家。约夫一家的晚餐在这儿是非常纪实的一段，却又是极为抒情、动人的一段，成了人世生活快乐与幸福的象征，没有这一段纪实性的描绘，影片将黯然失色许多。

总之，纪实美学的人文品质为虚构影视作品注入了对生命个体的敬重，对人生的热爱，对现实生活的投入、珍惜和勇敢面对。

57

六、数字生成影像时代：纪实美学精神不变

数字化技术的发展，使电影影像的生成不再完全依赖于摄影机对物质现实的复原，影像和具体物质之间的联系变得越来越微弱，电影不再是"拍摄"而是"做"出来的，我们看到的是一种虚拟现实。

为此，不少人提出，数字影像导致了后电影时代的来临；而且由于理论前提——照相本性——的丧失，巴赞的影像本体论面临解体的危险，并将引发电影美学的革命性震荡。

倪震认为："从闵斯特堡、爱因汉姆直到巴赞所反复研究和十分关注的视觉认同和电影影像心理学问题指的机械复制外界物象之后，被纪录的影像和人的关系问题从古典电影的意义上讲，可以改变被摄体，使之造成程度不同的风格化效果，但不能干预摄录过程的成像本身。然而，电脑技术的开发和合成影像在电影中越益广泛的运用，使人们看到了人的意志、人的智慧在活动影像艺术中的无限可能性。数据处理和影像再造的技术开拓，使人相信在三五年以后，人们拍摄电影的方法将发生根本性的变化，正是电影成像技术的这种革命，使经典电影理论的命题和美学基点遭遇到了历史性的挑战。合成影像技术不但使创作者拥有着自由处理空间关系、运用速度和明暗效果的能力，甚至也掌握着对人物形貌与表情的控制手段，从而使电影书写获得了一种真正的自由。电影美学在这种变革面前不能不重新思考胶片本身的位置和使命。"

这种担忧是必然的，也是可以理解的，但是，却有些过分的夸张，数字影像生成并没有那样可怕。最关键的，它可能会颠覆巴赞的理论基点以及部分结论，但是，巴赞倡导、推崇的纪实主义电影美学却不会动摇，并且还会扩大自己的影响。高科技数字影像生成对现实逼真的模拟，不仅不是巴赞纪实主义美学的穷途末路，相反，倒是更加证明了其恒久的魅力。

诚如巴赞在《摄影影像的本体论》中所说，对真实的渴望是人类的永恒冲动，至于用什么手段去实现并不重要，保存真实的木乃伊也好，逼真绘画也好，复原现实最具效果的摄影机也罢，抑或数字化模拟，其目的是一致的，观众的期待是一致的。有一个永远存在的标准，那就是人类生命活动的自然流程，人类心理的永远感觉，对真实的需要。

纪实主义美学并不是巴赞的天才发明，更不是他的首创，当然也不会因为他的理论前提遇到挑战而终结。蒙太奇为代表的形式主义电影美学和长镜头为代表的纪实主义美学，其出现是必然的，犹如文学与艺术史上的现实主义与浪漫主义原则一样，都是人类思维方式的反映，是互相形成巨大张力的两种需求。在巴赞之前，电影实践中早已出现纪实主义，不管是维尔托夫、弗拉哈迪，还是威尔斯、意大利新现实主义，但巴赞的伟大贡献在于，他将之理论化并使之上升到本体论的高度。不

过，我们仍然可以设想，即使没有巴赞，也会有别的人来完成这一工作，就像马恩经典作家对拿破仑的偶然性与必然性论述一样。

何况我们还一直误读着巴赞呢？亦即误读着纪实主义美学。

在人们的谈论中，大家有意无意地只提巴赞的摄影影像本体论，只提他是意大利新现实主义电影的代言人，却忘了另一个事实，或许更重要的事实，巴赞还是法国新浪潮电影的精神之父，正是由于他的理论和提携，法国新浪潮电影才得以催生、昌盛。可以说，巴赞与新浪潮的关系远较他与新现实主义密切。而我们知道，法国新浪潮电影深受存在主义哲学影响，极为重视内心心理的真实，有些以至于近似意识流。看似矛盾的巴赞给了人们误读的机会。

其实，巴赞在涉及意大利新现实主义电影时，早就说过："这场革命触及更多的是主题，而不是风格；是应当向人们叙述的内容，而不是向人们叙述的方式。'新现实主义'首先不就是一种人道主义，其次才是一种导演的风格吗？"（《电影是什么》）同样，巴赞这样论述美国类型电影："开发美国西部的征程就是当代的奥德赛史诗。因此，西部片的历史真实性与这种类型影片热衷表现奇特环境、夸大渲染事实和塑造扭转乾坤式的人物的明显倾向（简言之，就是追求稚拙和奇特的倾向）并不矛盾。相反，历史的真实性是西部片美学和心理学的基础。"（《电影是什么》）

由此可见，巴赞纪实美学中的真实，既包括我们常用常提的物质现实层面，又包括被我们所忽略的更为内核的部分——社会历史和人性情感的真实。

高科技数字影像生成，它可以不依赖物质现实，可以再造现实、虚拟现实，但那也必须是真实的或者让人觉得真实的现实。同时，更重要的，除了这种模拟的现实逼真性外，它还必须符合社会历史和人性情感、心理的真实，即符合纪实美学的内在精神实质。

七、结语

王家卫早期的一部电影里曾引用有关一只无足鸟的故事，说是有一种鸟，没有脚，一辈子只能在空中不停地飞，累了就在风里睡觉，一生唯一的一次落地，就是它死的时候。片中主人公曾以无足鸟自喻，但是，到临死前却伤心地体悟道："其实，无足鸟还没有飞的时候就已经死了。"

这也许只是一个童话，世上并不存在这样一种鸟，但它的寓意却很深刻。我们的影视艺术作品如果变成无足鸟一样只能在天上飞，其结果显然就是悲剧。只有以宽广深厚的大地为支撑，才能飞得高远。

纪实艺术将永远是影视虚构艺术的支撑力量。

本章思考与练习题

1. 如何纪录过程？纪录过程有何意义？

2. 怎样才能纪录真实时空？

3. 举例说明纪实风格有哪些叙事手段。

4. 谈谈你对真实性的看法。

5. 数字影像生成技术对纪实影像会有怎样的影响？

第 三 章
专题片（含纪录片）

【本章内容提要】

　　题材来源于社会生活，创作者必须熟悉、深入生活，对生活进行选择、发掘。题材具有多样性。作品主题受创作者、时代影响很大；主题从题材中提炼出来，必须深刻、新颖、集中；主题作为作品灵魂，必须以屏幕形象、事件、社会形态等具体实体来表现。

　　结构是事物的存在方式，是主体掌握世界、观照人生的方式，作品的结构要做到"凤头、猪肚、豹尾"。作品的结构可以分传统式和非传统式，或时间结构、空间结构、时空复合结构，或散文式、小说式、戏剧式、综合式等。结构可以以时间、空间或时空交叉为线索。结构的精神是秩序、和谐，结构的气韵是变化。

　　细节使专题片血肉丰满。细节可以分为动作细节、神态细节、物件细节、环境细节等四类。细节可以起到刻画人物性格、展示人物情感和内心、揭示主题、交代环境、推动情节发展等作用。细节可以通过画面、解说、叙说、画面与解说相结合等形式来表现。

　　节奏使专题片"活"起来。节奏产生的条件是，一个力的量，一个时空的尺度，一个时空的过程。内部节奏是情节发展的内部联系或人物内心情绪起伏，以及创作者思绪波澜产生的节奏。内部节奏决定专题片的基本节奏。外部节奏指画面上一切主体的运动、摄像机运动、画面剪接等而产生的节奏，可分为视觉节奏和听觉节奏。节奏的秘密在于运动。节奏表现为平稳、流畅、对比、重复、跳跃、停顿等。节奏应和谐。

第一节　题　材

　　任何一部电视专题片，都是由人物或事件构成的。所谓电视专题片的题材，就是创作者从客观现实或历史资料中选择出来组成作品的材料，具体展示在荧屏上的

61

主要事件或生活现象。题材是作品的最基本构成因素。

一、熟悉生活

文艺作品的创作源泉存在于沸腾的社会生活，以真人真事真情真景为基础的电视专题片，更是直接取材于社会生活。

古语曰："不入虎穴，焉得虎子。"社会生活是一种客观存在，不会自动走到我们创作者面前来。要获得丰富、有典型意义的题材，编导者必须发挥主动性，投入到生活中去，熟悉生活、深入生活、了解生活。社会生活是一个取之不尽、用之不竭的题材库，编创人员扎入其中，耳闻目睹，"纳千顷汪洋，收四时烂漫"，胸中有丘壑，胸中藏竹万根，将社会这个大金矿移植到自己心中，便能随时提取，做到有如囊中取物。所以，王国维说："入乎其内，故能写之。"

《最后的山神》创作者孙曾田花了不少时间去熟悉鄂伦春族人的生活，他对片中主人公老萨满孟金福是熟悉的，不仅熟悉他的世俗生活，而且理解他内心的宗教虔诚。《龙脊》拍摄时间达半年以上，并非天天都在摄录，更多时间是在熟悉、观察与了解，与拍摄对象融为一体。这一方面可以使孩子、村民们失去生疏感，便于自然流露情感，另一方面也是熟悉、了解生活。中央台与山西台在正式拍摄《歌魂》之前，编导就做了大量前期工作。早在1992年拍摄《太行山》系列片时，二位女编导就发现了后来成为片中主人公的老太太李改籽和老大爷乔乃荣的故事。1993年夏天，编导又专程去左权县调查，采访两位老人，寻找有代表性的民歌手，做了许多准备工作。所以，创作者对自己的人物非常了解，拍摄时便得心应手。

只有熟悉、深入生活，创作者才能感同身受，在心中碰撞出创作的灵感火花。生活不仅仅是材料矿藏，还是灵感的刺激物。

创作过"湘西三部曲"的刘学稼，曾在《历史——迈着沉重的脚步》中说："一开始，我并没有认识湘西人（自然，就是现在也没有认识），我不过为张家界、索溪峪的风光所倾倒，我的内心亦如一位普通的游人那样新奇、那样轻松。因而，我拍摄的第一部湘西片《索溪情》，尽管也收获了几句赞许，但那实在是一部浅薄平庸之作。我没有读懂那些人，那些水，我甚至完全把湘西人忘在一边。只有当我在那里逗留的日子长了，和那里的人民接触多了，对那里的昨天和今天了解得细了，我的感触和体验才一天比一天丰富，认识才一天比一天深刻，感情才一天比一天深沉。"

二、选择生活

生活是一个永不枯竭的汪洋大海，面对眼花缭乱的题材，编导者必须进行严格选择。

首先，应选择那些自己体会最深、了解最透彻的题材。这样才能做到有感而发，而不是矫揉造作、无病呻吟。所谓"骨鲠在喉，不得不吐"。

正是创作者有感于沙漠牧民和海边渔民生活的艰辛和精神的坚韧、有感于韩国慰安妇半世纪的坎坷经历、有感于半个世纪时光的相濡以沫、有感于青少年教育的现状，也才有了诸如《沙与海》、《半世纪的乡恋》、《半个世纪的爱》、《少年启示录》等令人心动的作品。《歌魂》的创作者曾谈到，她们在左权县采访过程中，听到许多优美动听的民歌。当地人人都会唱歌，但她们选择了两位老人，即李改籽和乔乃荣，作为主要人物，因为编导们为老人坎坷的身世所感动，老人不仅仅是唱一唱歌，而是在唱自己的遭遇与命运。

或许，《壁画后面的故事》的选题更说明问题。最初，创作者只是去报道刘玉安的壁画展。在这一过程中，创作者被壁画中健美的牵马人所吸引，而了解到画中牵马人的模特原型陶先勇已患绝症时，她们被深深打动了，当即决定改弦易辙，另换题材，追踪拍摄陶先勇的最后生命历程。正是创作者对生命、对美的关注与敏感，使我们看到了今天的《壁画后面的故事》，关于生命的故事，而不仅仅是一幅画。

选择是一种发现，它是创作者感悟能力、敏感性、智慧、审美趣味的综合体现。创作是主体的审美行为，只有"见之者真，知之者深"，情动于衷，才能使作品具有强烈的感染力。《诗序》中说："咏歌之不足，不知手之舞之，足之蹈之。"如果说舞蹈者以形体表达强烈情感，我们电视编导们则是以眼睛发现、以画面剪辑、选择题材来舞蹈，最重要的便在于那题材已经让我们自己"不知手之舞之，足之蹈之"了。

选择的题材还必须有价值，有意义，受群众欢迎，不能仅仅是创作者自己的孤芳自赏。亚广联评委对《沙与海》的评语是："有利于本国发展。"《龙脊》一方面展示了龙脊村的贫穷、落后、闭塞，另一方面展示了村民的纯朴和孩子们的聪明、可爱、强烈的求知欲望，还展示了美丽的自然风光；两相对比，给观众以较强的心灵震撼，从而唤起人们对失学儿童的关心和对希望工程的积极参与。《回家》揭示出人与自然的和谐关系，表达出当代人的一种愿望；而熊猫的顽皮、可爱，则让观众领略到一种快乐。像早一点的《土地忧思录》、《少年启示录》、《住房见闻录》等，更因直接触及现实，而深受广大群众欢迎。

三、深入开掘

熟悉并选择好题材并不意味着就万事大吉。所谓"玉不琢，不成器"。选择好的题材，还必须经过深入开掘，找到本质，使之提高和升华，成为打磨后的璞玉，晶莹闪亮。"和氏璧"当年蒙垢多年，楚王和一般人不能慧眼识珠固然首当指责，而和氏未能将之雕琢，使其放出光辉也是一个重要原因。

如果说熟悉、了解题材是潜入生活海底，那么，选择与发掘则必须浮出海面，站在岸上，居高临下地俯视生活，全面掌握生活本质。"入乎其内"，还得"出乎其外"，否则，难识"庐山真面目"。

63

《西藏的诱惑》正是位于较高视点，高屋建瓴地统摄生活，而不是简单化地再现自然风貌之美、民俗民风之独特，从而以更高立意揭示了一种性格、精神。创作者在《再造它蛮荒悲壮之美》中说："我绝不反对展现风俗，但有创意的片子，还是应该以描写走向表现，以写实走向深化。藏族少女洗浴那一节，大家都说拍的很美，很朦胧，脱出了展览层次，但本意上还是想将女作家献身西藏的情节作'凤凰式'的升华，题义还在于'忏悔是心灵的洗浴，醒悟是血肉的再生'。表现与深化，都有助于境界意蕴的揭示。真正达到揭示的程度，作品的品位自然就会发生较大的变化。"

对题材开掘的最终目的是发现本质，揭示具有永恒性的东西。《沙与海》并非只是牧民与渔民生活的呈现，它告诉人们的是：无论是沙里还是海里，要想活下来、活得好，就必须和生存环境作顽强的抗争。《壁画后面的故事》在纪录人们对陶先勇的帮助、陶先勇面对死亡的表现时，是在歌颂美、呼唤美的生命。只有在内容里包蕴了本质性的东西，作品才变得厚重、有分量，而不是轻飘飘地浮在空中。

四、选材要视野开阔

需要说明的是，题材是多种多样的，大到政治、经济、军事、文化，小到一山一水、一人一事，均可纳入专题片中。题材规模有大小，但题材规模并不能决定思想内容的深刻或肤浅。规模大的题材，当然更易表现深刻思想，但也可能浅显。相反，反映日常生活、普通人物的题材，规模虽小，也可以表达深刻思想，如《沙与海》、《龙脊》、《回家》等。关键在于创作者的选择视野是否开阔。

我国电视专题片，特别是纪录片，整体上大致向两个价值取向选题。一部分与时事、政治紧密相连，注重道德、价值观念的开发和功能的实现，比较注意舆论引导。另一部分则注重与国际纪录片接轨和对话，争取在国际上获奖，题材主旨在寻找社会与社会之间、人与人之间、社会各阶层之间人们心灵的沟通，比较注重深层的文化意蕴。

与国际相比，我国专题片，尤其是纪录片，在选题上显得狭窄，不够丰富多彩，集中在记述普通人，抒发人性、人道主义情感。题材的"贫乏"已引起有关专家和创作实践者的注意，像上海台《纪录片编辑室》就把这作为一个较严峻的问题提出来。其主要原因是取材偏窄，并不是没有题材。国外纪录片，题材内容非常广泛，诸如动物、植物、科教、人物传记、历史、风光风俗、普通人生活、社会问题等，可谓琳琅满目。像《人与自然》中大部分、《东芝动物乐园》等精彩节目，很受观众欢迎，可我国却极少有人去拍摄这方面的题材，即使拍摄也平淡无奇。

所以，在专题片题材方面，熟悉、了解生活，选择与发掘题材至为重要。而开阔我们的视野，则是广泛选择好题材的基本前提。

第二节　主　题

何谓主题，简单地说，就是一个作品的中心思想。它是编导者对生活、对历史和现实的认识、评价和理想的表现。任何专题片都有自己的主题，即使是有些纯观察式的纪录片，也是按照一定主题来取材、拍摄。

主题来自于生活，是创作者观察和思考的结果。主题是任何一部作品的灵魂，对作品中人物、事件、细节、结构等都有统帅作用。主题使一部作品完整、和谐和统一。

一、提炼主题

物质决定意识。题材从生活中来，主题则从题材中提炼。主题作为思想，它不能凭空编造，也不能无依无靠悬在空中，它必须取自并且依赖题材而存在。题材是主题提炼的基础和依据，一定的题材只能提炼一定的主题。题材的发现、选择、取舍过程便是主题提炼的过程。

《歌魂》的编导作了大量采访，听了很多民歌，访问了许多歌手，特别是了解了老大娘李改籽和老大爷乔乃荣的故事与他们唱的歌，在这些题材基础上，才提炼出这样的主题：真正的歌来自人民，他们不是为唱歌而唱歌，而是在歌唱自己的爱情、不幸与向往，歌是生命与情感的体现。《西藏的诱惑》，以西藏的自然风光、历史文化、宗教艺术为题材，以四位宗教僧侣虔诚跋涉在宗教朝圣之途和四位艺术家虔诚跋涉在艺术的朝圣之途为表现对象，提炼出"人人心中有真神，不是真神不显圣，只怕是半心半意的人"这一深刻主题。如果没有西藏的生活作题材，没有左权县丰富的民歌和有关歌手作题材，上述主题又去何处提取呢？

主题一旦确定以后，又对题材选择起着制约的作用，所有题材应紧紧围绕主题，为主题服务。尽管如此，从根本上说，题材依然是第一性的，主题是题材的概括。

题材是主题的根本之源，而创作者的审美观念、价值观念对主题提炼也有相当重要的影响。所以，对同一题材，不同创作者会提炼出不同的主题。从题材发现、选择到主题提炼、确立，都是创作者主观评判、取舍、参与的结果。主题提炼是创作者对生活熟悉、认识、判断、剪裁的过程。在这当中，创作者由感性认识升华到理性认识，最后达到主客体的辩证统一。

正是由于主题提炼中编导者主观思想意念的渗透，才使得主题丰富多样。平常所说的个人风格，就是创作者主观意念和精神气质在作品中的投射。都是反映西藏题材，都有如诗如画的西藏风光，《西藏的诱惑》表现人生的追求境界，《藏北人家》却是对游牧生活安详宁静的颂歌。主题的差异，正源于创作者主体的参与，源于创作者个性、气质、审美情趣的不同。

一个时代有一个时代的艺术。任何作品都是时代的产物。主要以现实生活为内容的专题片、纪录片，其主题必然要烙上时代的印记。《回家》表现人类与动物的和平相处，是当今世界寻求生态环境和谐的时代精神的投影。《远在北京的家》反映了改革开放与商品经济对农村的冲击和诱惑。《最后的山神》表现新旧交替时代人们心理的不同变化，青年人踊跃走向新生活，老人仍在心灵深处供奉着那摇摇欲坠的"最后的山神"。连地处偏僻、几乎与世隔绝的"山洞里的村庄"，也在积极拉接电线，以取得外面世界的信息。

综上可知，题材、创作者、时代思潮共同提炼出主题。

二、主题要深刻、新颖、集中

在主题提炼中，编导者应做到主题的深刻、新颖、集中。

深刻就是不能停留在表面作肤浅的现象罗列，而要作深度的开掘，寻找出事物的本质和规律。主题的深刻一般表现在哲理的渗透。《沙与海》写生活的好坏、生存环境的好坏，更重要的是表现人应保持一种积极的生活态度。"人要活，风要来，想躲算是躲不开"，必须积极地应战。《人·鬼·人——一个原日本宪兵的生涯》，从土屋芳雄由人变成鬼，又从鬼回归到人这一独特的生命历程的展现，将日本侵华历史的反思拓展到一个新的层面，引发观众对人性善与恶的反省与思索。《最后的山神》通过对老萨满孟金福的活动纪录，既有对传统温情脉脉的留恋，又揭示出历史发展不可遏制、新时代必将取代旧时代的客观规律。这种揭示是深刻的，不再是一人一事一物的简单记述，不是就事论事，就人论人，而是超越了时空，达到意义的普遍性。

主题的新颖对一部作品的成功来说相当重要。新颖就是要"见人所未见，发人所未发"，使作品以完全崭新的面貌出现。主题的新颖往往体现在视角的奇特，即所谓换一种角度来看世界。《中华百年祭》反映中华民族上百年的屈辱史，是历史题材，但创作者没有按习惯的思路，没有平铺直叙地演绎历史，而是做了新的艺术探求。最具特色的一点，便是作品独特的视角。作品并不直接述说历史事实、演绎历史进程，而是以山东艺术学院青年画家蔡玉水历尽十年艰辛创作出的大型水墨组画《中华百年祭》为切入点，主要通过绘画作品，艺术地展现中华民族近百年的屈辱史和抗争史。视角的转换是主题变得新颖的重要因素。历来拍摄西藏的电视片非常多，但大多是以猎奇、寻求神秘情趣为出发点，所以基本上是对西藏的人、风光、风情的纪录。由于视点一致，作品也就千篇一律，没有新意。《西藏的诱惑》则从完全不同的角度，从四位朝圣僧侣身上，从四位去西藏寻求艺术感悟的艺术家身上，提炼出"西藏是一种境界"的主题，新颖、别致、脱颖而出，超出一般作品。《藏北人家》把镜头直接对准一户牧民的日常生活，优美地纪录了"一种不久将逝去的

游牧生活"。

集中是指一部作品的所有思想、所有构成因素都必须以主题为中心，为主题服务，不能过于枝蔓。《半个世纪的爱》纪录了十多对金婚夫妇，都是围绕一个主题：尽管时光漫漫，真挚的爱情却历久弥深。《西藏的诱惑》虽然叙述了不同的四位艺术家，但都以一个主题为线索将它们串起来，即他们都"心怀真神"，而且是一心一意追求艺术与人生境界的人。

说到主题的集中，需要与主题的多义性区别开来。主题的多义性，可分为两种情况：一种是让观众自己对作品内容进行分析，作出多种解释，得出多种结论。编导者强调让观众看到现实生活的直接再现，不是给观众一个分析完毕的现实，而要让观众自己去分析现实。另一种情况是，编导者对自己所要反映的社会现象虽有强烈的感受，并迫切地想把它搬上荧屏，然而自己对这一现象还难以解释清楚，于是请观众和他共同思考，以期得出一种或多种结论。主题多义性在一些客观纪实作品中确实存在，因为生活本身是多方面、多层次的。尽管如此，尽管一部作品可以有多种思想，可以让不同观众得出不同结论，但对创作者来说，他创作的时候，心中仍然需要有一个明确的方向和思想。这样，在他选择、组织材料时才不会茫无目标，乱拍一气。主题的多义性，可以理解为正主题下众多的副主题，副主题必须配合而不是干扰正主题。

三、主题的体现

主题思想作为作品的灵魂，并无实体，它是通过一系列电视画面来实现的。具体表现为屏幕形象、事件、社会形态等形式。

形象大于思想。"任何规律都是狭隘的、不完全的、近似的。"（列宁语）电视、电影与所有艺术作品，都应以形象生动地表述思想。主题必须鲜明，其表现方式却必须含蓄。主题表明了创作主体的倾向和爱憎，它越隐而不露越好。即使是政论片，也应讲究"形象化政论"，切忌口号式、不加证明地直接灌输。观众看电视，是轻松愉快的活动，应让观众在审美愉悦中不知不觉地感受到主题思想。形象本身是意义的承载物，主题应该自然地隐藏在形象中。

《半个世纪的爱》中最令人心动的那一对农民老夫妇，从家门出来，走过一段路，跨过一段小木桥，到自留地拔萝卜，再走回来。从始至终没有一句话，他们一前一后保持不变的距离，过小木桥时，老头回过头搀扶老太婆一把，用他们特有的方式互相照顾和理解。这一组镜头，通过最最平常的日常生活形象，非常感人地纪录了这一对农民老夫妇的感情：他们在家乡的土地和农家小院相伴了半个世纪，他们在爱和田地里辛勤耕种了几十年，收获了一生的幸福。菜园与家之间短短的百米之途，就是他们洒满深情的漫漫长路。还有什么比这一屏幕形象更能表现金婚夫妇们相濡以沫的情感这一主题呢？

屏幕形象以人物形象为主，此外，事物也能成为表现主题的屏幕形象。这种情况下，事物往往拟人化，或者成为隐喻与象征。《最后的山神》中那刻在松树上的山神像，《龙脊》中不断出现的高高挺立的树，便都是主题思想的形象体现。由于是一种象征、隐喻，以事物体现主题时，就必须选择适当，否则会显生硬而弄巧成拙。

随着电视专题片、纪录片对情节、故事的重视，通过事件发展体现主题成为一个重要手段。事件由于包含起因、发展、高潮、结束等过程，人物性格便随着事件发展而淋漓尽致地显现出来，主题思想也蕴含于事件中。所谓"结论情节化"，与这是一致的，即让事实自己说话，主题思想成为事件发展水到渠成的结果。《山洞里的村庄》通过客观纪录一个偏远的、几乎与外界隔绝的山洞村庄拉接电线的经过，主要是人们的矛盾和矛盾的解决。在这一事件中，既展示了传统思想的落后，又透露出人们对电、对现代社会的渴望，主题完全蕴藏在事件中。《回家》记述了人们收养大熊猫、训练大熊猫、放归大熊猫等一系列事件，从而表现了人与动物和睦相处的主题。

主题思想还可以通过社会形态的展示来体现。因为任何社会现象都是普遍联系的，而非孤立的存在，在其背后总会蕴含着一定的思想。而当创作者将一系列相关的社会形态联系在一起时，就可以揭示出现象后面的本质、偶然中的必然，从中提炼出主题思想。这种方式多用于时政、政论类专题片中，具有综述性质。

当然，主题思想除了用画面形式体现外，解说词依然是重要的方式，对政论类专题片来说，甚至是必不可少的方式。但是，解说词中主题思想的出现不能是凭空的，必须以大量的形象材料作基础、作铺垫，必须是事实的必然结论。

第三节　结　构

电视专题片的结构，是指专题片的组织方式和内、外部构造。编导者根据对生活、对历史的认识，按照表达主题思想的需要，运用电视思维把一系列生活材料、人物、事件等，分别轻重主次，合理而匀称地加以组织和安排，使其符合生活规律，达到艺术上的完整、统一、和谐。

简言之，结构就是布局，是对具体材料的组织和安排。一部专题片的结构优劣，对其成败常常起很大的作用。

一、结构体现生命

任何事物都有自己的结构，结构是事物存在的方式。高山、大海、平原，其结构是宏伟的。一棵树有挺拔的枝干、繁茂的绿叶，一朵花有细细的茎、鲜艳而形态

好看的花瓣，其结构是优美的。不管雄壮还是秀丽，都是事物的结构形式。人体主要有头、躯干、四肢，离开这些结构的支撑，人也就难以生存。

结构不仅是事物的骨架，本身就是内容。结构是生命的体现，不能想象会有没有结构的电视专题片存在。

对创作主体来说，结构是掌握世界的重要方式。马克思主义认为，人类掌握世界有四种方式，即科学理性掌握、实践掌握、宗教虚幻掌握、艺术掌握。艺术掌握的手段是形式，结构则是形式的最重要因素。艺术家把握住事物结构，制造形式，实际上便掌握了事物。即所谓"通过形式、结构的追问，进入意义的深渊"。

有人曾这样说："陶工在制造什么呢？严格地说，一般对物的看法是，陶工没有制造陶器，他们只是在制造泥土。然而，陶工制陶的实质意义出现在制陶过程中，陶工制造泥土，并通过泥土，制造了陶壶特具的空间。一切都是为了这个虚无的空间而产生的，从始至终，陶工紧紧抓住了陶壶的本质——盛装与倾泻——追求那个触摸不到的，由陶的物质部分构铸的虚无的空间，这一空间性就决定了陶壶存在的全部思想意义。这就是说，借助一种物的器具（有形的）存在，掌握一种非器具的（无形的）存在。"（肖平：《经典性即世界性》，载《现代传播》1996 年第 1 期）

"物的器具的存在"，就是事物的形式与结构。世界是变动不居的，只有艺术，通过对事物结构、形式的把握，才使事物凝固，使本质与意义得到呈现。电视创作者只有通过特定的结构、形式，才能很好地表现生活、现实与历史。

结构感、形式感是人类天生带来的内心冲动。艺术家在这方面更有特殊的资质。在杂乱无章的事物中，艺术家能很敏锐地找到一种结构、一种形式，在他眼里，杂乱中总有一种秩序存在。

艺术品有各种各样的结构，电视专题片也一样，这除了事物本身的繁复之外，更主要是由于艺术家、创作者个人结构感、形式感的不同所致。

在这里，结构与形式是人类观照自我、观照人生、观照世界的方式。

移情论者立普斯说："审美享受是一种客观化的自我享受。"他认为，在审美活动中，审美享受的对象和获得审美享受的原因并不是同一回事。审美享受的对象是客体形式，而引起审美享受的原因并不在对象上，而在自我，在自我的内部活动上。审美活动就是把这种自我内部活动移入到对象中去，对对象作人格化的观照，从而产生审美享受。这种欣赏，欣赏的并不是对象本身，而是自我。

在移情论者的观照中，人与外在世界是一种圆满的具有泛神论色彩的密切关系。在这种对象化审美享受的人生和世界观照中，产生的艺术作品，便是古希腊、文艺复兴那种完美无缺的结构与形式。

可是，发展到近现代，直至今天，在象征主义、表现主义、立体主义艺术家眼里，人与世界却是破碎的、不完全的，世界变化无常，充满虚假与偶然。所以，他

69

们的作品从结构、形式到内容都抽象、怪异、晦涩难懂。这是对人生、对世界另一种观照下的形式和结构。

德国著名艺术史家沃林格认为，制约所有艺术现象的最根本和最内在的要素是人所具有的"艺术意志"，"艺术意志"具体"表现为形式意志"。最终决定艺术现象的是人内心所产生的一种对形式的需要。一个人有怎样的"艺术意志"（即"形式意志"、"结构意志"），他就会去从事什么样的艺术活动。贝多芬在音符的流动形式里，米开朗基罗在石头的结构中，契诃夫在戏剧样式里，分别以各自的形式、结构方式观照社会、观照人生。如果他们互相换一种形式和结构自己思想、情感的方式，结果恐怕不会这样辉煌。

每个人都以不同方式观照人生、观照世界，所以会有不同的结构感、形式感。

从某种意义上说，人类艺术发展史，就是艺术形式风格的发展史。

我们的电视编导们，应努力发掘、训练自己的形式感，以期结构出好的作品来。

作品的结构形式还是创作者、社会思想观念的体现。

蒙太奇与长镜头实质上是人类思维的两种方式，同时，也是影视作品两种重要的结构形式。今天人们偏爱长镜头，是因为人们渴望客观和真实，渴望看到片中人物自己动作、自己说话，看到生活完整的流程和情状。蒙太奇是跳跃式的、跨时空的，比较主观，容易造假。蒙太奇有如诗歌结构，长镜头好似小说结构，前者富于想象，可以任意驰骋，后者平实、客观，像生活本身一样。诗歌是人类早期、中期的主要艺术形式，小说是近现代市民社会、平民社会的产物。当人们希望回归质朴、真实的世界时，长镜头自然就如同小说一样成为最佳选择。在今天的纪实性纪录片中，长镜头已成为主要结构形式，具体表现为大段无间歇跟踪拍摄，连续的同期声段落，连续、完整、真实的细节。

二、结构内容

电视专题片的结构形态，虽无固定模式，但在具体的内容表现上，仍有其内在规律可循。一部电视专题片，都有开头部分、中间部分、结尾部分，这三部分构成作品结构的具体内容。一部好的专题片，如同文章一样，其结构要求做到"凤头、猪肚、豹尾"。

开头的方法很多，但总括起来，不外乎两种：一种是"开门见山"，平实、自然，多用于纪实性专题片中；另一种是"先声夺人"，以形象、生动的艺术手段，一下子抓住观众的心，较多运用于创意性专题片中。

不管哪一种方法，开篇犹如作品的脸面，应该尽量漂漂亮亮。在观众几秒钟换一个频道的时代，如果打开屏幕只看见一张平庸的脸，观众会马上弃之而去。西方新闻界流行"倒金字塔"报道结构，主张把最主要、最生动的新闻事件放入导语，一语道破，同时也一语惊人。专题片虽不同于新闻，但观众心理是一致的，作品开

头必须精彩，吸引人。日本 NHK 拍摄的《丝绸之路》很讲究开篇，不少集都引人入胜。有一集是《发掘楼兰王国》，编辑时，他们破例把去楼兰途中最壮观的一个镜头接在片首第一个画面：飞沙走石，狂风像黄河怒涛，一泻千里，戈壁行车，汽车像一艘艘潜艇，穿行在大海里。配合着画面，解说词一气呵成地介绍了楼兰王国之谜。看了这个开头，日本国民便会不由自主地进入角色，跟着画面，一起到楼兰去寻古探谜。

开篇好似预先作一个广告，不管什么风格，都应注意受众心理，力求新颖、独具一格，以强有力的视觉、听觉效果，一下子感动观众的眼睛和耳朵，从而感动其心灵。

结尾作为为专题片的结束，方法也数不胜数，概括起来，大致有以下三种：其一，总结全篇，深化主题；其二，饱含哲理，发人深省，委婉含蓄，余味无穷；其三，自然地收尾，按事件发展，该结束或到了一定段落，不作任何评判。这在一些纪实性纪录片中较多，如《山洞里的村庄》、《龙脊》。江苏台拍摄的《炎黄，你在哪里》，讲述在苏南的一个小镇上，流传着一个化名炎黄的人八年行善不留真名。他给孤儿寄钱，给养老院赠款，给希望工程捐资……但谁也不知道他究竟是谁。编导没有将其作为一般的"好人好事"报道，而是循着炎黄的足迹去寻找，在寻找过程中展现炎黄乐于助人、无私奉献的精神，同时也在寻找中纪录下炎黄现象在社会上引起的连锁反应，形象地表现了大江南北涌现出的一个又一个炎黄式的人和事。作品结尾没有找到炎黄其人，却找到了奉献精神，找到了中华民族的传统美德。这个结尾，既是事件的自然发展，又意味深长，发人深省。

专题片的主体是中间部分，它是开头部分的延伸与深入，是结尾的依据，需要浓墨重彩，尽情抒写。因作品风格不同，这一部分结构会千差万别。比如以叙事为主的专题，可能沿着事件发生、发展、高潮、结局的顺序来结构；政论性专题，可能围绕一个主题，一种论点，层层论述，步步推进；创意性作品，则可能按照创作者主观情感、心理来安排结构。不管哪种风格，在这一部分里，应将人物性格、事件脉络或某种观点，形象而充分地展示出来。有些只注意开篇与结尾的雕凿，却忽视了中间部分，形成"水蛇腰"，整个作品塌陷下去，立不起来。这样，开头与结尾的精致也就失去了意义。

总的来说，开篇、正文与结尾均可称作为段落，而正文又可再分成若干段落。段落，是专题片中相对完整的一段内容。其内容多寡与篇幅长短没有一定之规，由编导者根据题材及风格进行划分，通常以能够清楚地表达一层意义为标准。段落好比是一部专题片的若干板块，要求清楚、分明。比如《西藏的诱惑》，就设计了六个段落：序幕——摄影家——画家——女作家——日本画家——尾声。像《人·鬼·人》大致也可分为三个段落：人——鬼——人。段落要遵循"单一性"和完整性原则，同时体现段落与段落之间的内在联系。

此外，过渡和照应也是结构的内容。过渡是指段落之间的衔接和转换；照应，是指内容上的关照和呼应。过渡和照应，是使电视专题片的结构气血贯通、脉络分明、浑然一体的重要手段。过渡主要表现在：从一层意思转入另一层意思，"由总到分"或"由分到总"，阐明问题，叙述与议论，纪实与抒情，现在时空与过去时空转换。照应表现在：开头与结尾相照应，前伏与后垫相照应，等等。

三、结构类型

电视专题片结构的归类并无固定划一的法则，具体划分时，往往有不同的着眼点。

从历史沿革来分类，有传统式结构和非传统式结构。从时间、空间结构入手，有时间结构、空间结构、时空交错结构。从叙事方式或视点的角度归类，又有主观叙述格局和客观叙述格局之别。从各类艺术的相近关系区分，以其他类艺术被电视专题片借鉴吸收的方式、被渗透融合的程度进行辨析，则可以归纳为散文式、小说式、综合式以及戏剧式等诸多结构形式。

尽管标准不一、种类多样，但通常最常见的主要是时间结构、空间结构、时空交错复合结构。

时间结构，以时间为轴线，按事物进程的自然次序组织、安排材料。这种结构一般着眼于表现外在情状和外部动作。具有较强的叙事性，其动作、事件均取线性发展，有环环相扣的因果联系，具有严格的生活逻辑。这类结构，脉络清楚，结构单纯，符合现实生活的逻辑和顺序，易为观众接受。

以纪实为主的专题片、纪录片几乎都采用此种结构方法，《远在北京的家》、《龙脊》、《藏北人家》、《山洞里的村庄》……都属此。像《壁画后面的故事》等还在片中直接纪录下日期进程。

描述历史事件的专题片也多采用时间结构方法，以历史发展的先后顺序来组织、安排。以《让历史告诉未来》（12 集）为例：

①《血的奠基》　　　　1927～1933
②《苦难风流》　　　　1933～1936
③《血肉长城》　　　　1936～1940
④《醒来的黄河》　　　1941～1945
⑤《命运的决战》　　　1945～1947
⑧《王朝末日》　　　　1947～1949
⑦《为了和平》　　　　1950～1958
⑧《百年梦想》　　　　1958～1966
⑨《动乱年代》　　　　1967～1976

⑩《重振雄风》　　　　1978～现在

⑪《献给母亲》　　　　（现在）

⑫《啊，军歌》　　　　（现在）

这种划分，以中国现代历史和中国人民解放军的发展历史为时间段落，线索清晰、流畅，非常有利、非常成功地表现了中国人民解放军成长、经受血与火的洗礼、取得辉煌成就的光辉历程。

空间结构，又称横向式结构，它依据空间变化来排列、搭配各个部分的内容。一个个空间是并列的，有如一个个"拼盘"或"板块"。电视专题片《半个世纪的爱》，共介绍了 14 对金婚夫妇的具体生活情景，并无时间上的前后限制，而是按空间来结构的。《黄河一日》更具典型性，它在同一天里，对黄河沿岸同时进行取样式拍摄，用同一时间里不同空间的展示，形象生动地表现了黄河两岸人民的生活情况和精神面貌。这种空间结构好似生活的一个横切面，可以将生活的多方面较完整地揭示出来，有时还会具有极强的戏剧性。俄国著名作家妥斯陀耶夫斯基的小说多采取空间的横向结构，非常戏剧化、精彩。

《话说长江》、《话说运河》、《丝绸之路》、《唐蕃古道》等均用此结构，凭借地域和流域的界定划分段落。

空间与时间一样，是事物存在和运动的方式。二者相比，时间结构注重事物的发展与流向，空间结构则注重事物的多侧面、多层次。

时空交错结构，又可称作复合结构、散点式结构。这种结构完全打破了生活正常时间、空间的连续性、顺序性，而是令时空纵横交错，将古今中外同时纳入片中。其特点不是单一的线性，而是交响乐式，立体交叉，具有深度和厚度的网状结构。复合结构带有较强的主观性，与时间结构和空间结构不同。在复合结构纷繁复杂、头绪众多的材料中，往往以一种内在联系来贯通，或者是某种思想、论点，如政论片，或者是某种情感，或者通过一种悬念的设置，等等。这种结构很像文学创作中的意识流，它通过创作者的思想、情感、心理，将散落在历史和现实中的片断和碎块有机地组织在一起，形成一个新的完整体。

如果说时间结构纪录一段时间内事物发展的完整性，空间结构纪录一个个空间内事物存在的完整性，二者更具有长镜头思维的话，那么，时空复合结构显然是属于蒙太奇思维的。

时空复合结构在专题片中运用非常普遍，如政论类、创意类专题，因为世界本身是多元的、复合的结构；对创作者来说，世界则既是客观的又是主观的，既是现在时又是过去时，甚至是将来时。世界是普遍联系的、立体的，时空交错复合式结构正好可以出色地表现这样的世界。由于时间和空间是世界存在和发展的基本条件，所以，时空交错复合结构实际上已将时间和空间结构涵盖在内。

不管哪一种结构方法，因为电视本身的特性，这些结构都不同于传统封闭式结构，而是开放性的。就时间纵向结构来说，只是截取生活长河中的一段，既无头也无尾，是相对的完整，观众可以通过自己的想象和联想，去主动探求生活的来源和去向。就空间横向结构而言，每一个情节点、事件点、片断都是断续的、不连贯的，观众的思维触角，可以伸向四面八方，从而扩大作品反映生活的广度。不同的时间点仿佛一颗颗珍珠，用时间之线编串在一起，再串上或减少几颗也无妨；不同空间点好似一个个板块，再拼上或拿掉几块也无恙。

四、内容与结构的统一

尽管电视专题片的结构线索、方法丰富多样，它们依然有共同的原则。这主要表现在结构与作品内容的关系上和结构自身的规律性。

我们在前边已说过，结构是世界存在和运动的方式，结构本身即是内容，因此，电视专题片的结构首先应该正确反映事物的内在规律。不管哪一种结构，都要以事物的内部联系和规律为依据，并将事物的发展脉络清晰地展现在电视屏幕上。以叙事为主的纪录片，比如，《山洞里的村庄》叙述人们拉接电线的前前后后，《重逢的日子》叙述一对分离40年的夫妻重逢的经过，《远在北京的家》讲述几位农村姑娘在北京当保姆的经历，显然以时间作结构线索最为适宜，因为事件是以时间先后发展的，以时间顺序为因果的。以政论为主的专题片，比如《世纪行》，只有复合结构才能清楚、透彻地揭示事物发展规律，因为中国近现代历史首先错综复杂，是多线条发展的，绝非一条时间线和空间线可以概括。更重要的，编导者是站在今天的高度，对历史作出评价，这时，历史早已证明什么是真理。而当编导者将历史上的前因后果撷取到一起、集中到一起时，四项基本原则的真理性就更加坚不可摧，给人以信服感。

正确反映事物规律，就是要求编导者按照具体的事物来选择、安排作品的结构。

结构还是人生的观照、世界的观照，因此，结构与内容关系的第二点体现在：结构要服从主题表现的需要。创作中，一切因素，包括内在与外在，都为主题服务，结构作为作品重要构成因素，当然不能例外。《西藏的诱惑》，其主题是：人人心中有真神，不是真神不显圣，只怕是半心半意的人。正是出于表现这一主题的需要，创作者在序幕和尾声中设计了跋涉在朝圣之途的四位宗教信徒的朝圣情状，在发展阶段和正文安排了四位艺术家跋涉在艺术的朝圣道路上。正是这种独特的结构安排，艺术地表现了作品的主题；更是这一主题的本身，奠定了这一结构的基础。

五、结构的精神与气韵

作为一种重要形式因素，结构除了与专题片内容相一致外，还有自己的独立性。

一个专题片一旦完成，其结构就独立地存在着，犹如一座建筑，当建筑物落成之后，其结构形式便具备了自己独特的审美特征，或是高楼大厦的巍峨雄壮，或是亭台水榭的玲珑清秀。

不管用什么方法结构专题片，都必须明确：结构的精神是秩序与和谐，结构的气韵是变化和强调。

秩序与和谐是专题片结构的最基本和最终要求。秩序指层次清晰，段落分明。和谐指各部分既内在地联系着，又外在地协调一致，不能互相抵触、矛盾，或者有些地方很出色，另一些部分却难以与整体相匹配，诸如虎头蛇尾、水蛇腰之类，均属不谐和音。

达到秩序与和谐的方法很多，为了使专题片结构不死板、呆滞，结构必须有所变化和强调，比如设置悬念，或对某些"重场戏"浓墨渲染。有句话"文章似山不喜平"，说的就是这个道理。结构是一种力，编导不能从始至终平均使力，而应有所偏重，有所变化，这样才可能奇峰突起。如果说画面本身可以组成节奏，结构同样是一种节奏，一种更具力量的节奏。只有变化和强调，结构节奏才富于音乐感，才能奏出优美而不是平淡的旋律。

中国传统艺术讲究"气韵生动"，变化和强调正是达到结构"气韵生动"的手段。

但是，变化、强调不能妨碍结构的秩序与和谐，就像不能用大山挡住奔腾的河流一样。不管经过高山还是平原，不管湍急还是平缓，结构必须是一条自然地流淌的河流，必须和谐，和谐才美。

六、结构的体现

我们知道了电视专题片的结构内容、结构线索，那么，用什么样的电视元素去表现呢？用不同的电视语言表现结构线索会产生迥然不同的表现力。一个节目中，解说词、画面、主持人、同期声采访、字幕、音乐音响等电视语言是相辅相成的，但有主有次，在不同内容与不同风格的作品里，应有不同的主要表现元素。

画面是电视的第一要素，对专题片结构有很强的表现力，真正体现了电视"视"的特点，即视觉冲击力大，真实、可信，有说服力。电视纪录性节目《地球今天是怎么了？》是对世界气候异常的分析，便是以画面为主来体现其结构线索的：

> 印度洪水泛滥，居民流离失所
>
> 大街小巷浸在水中
>
> 澳大利亚茫茫旱地
>
> 土地龟裂牛羊喘息
>
> 森林大火尘埃弥漫
>
> 非洲大地寸草不生
>
> 莫桑比克饥饿人群
>
> 埃塞俄比亚大片荒地

灾民三五成群在走

匈牙利热气蒸腾暑气逼人

冰岛清爽宜人

奥地利炎热的城区

全球示意图

（童宁：《论专题节目的结构线索》，

载《北京广播学院学报》1990 年第 4 期）

纯粹以画面来体现结构线索的专题片并不多，画面虽是电视第一要素，但它需要其他元素如解说词、字幕、同期声等手段帮助才能完成一个复杂的结构线索。

由于文字语言的高度发达，解说词几乎可以独立地表现任何形式的结构线索，就如文学作品一样。但是，电视毕竟不是文学与哲学，是以画面为主的传媒，所以，解说词只应辅助画面，或是对画面的补充，或是概括总结，或是升华。不过，既然解说词有几乎万能的结构线索表现力，也不必太拘谨，只要运用得当，仍然不失为好作品。在思想性较强的专题片中，比如政论类，没有解说词几乎是不可能的。

字幕也可以强调专题片的结构线索，并有清楚、节奏感、震撼力等优点。《倪萍访谈录》第 9 期《漫话艺德》便是以字幕将片中 7 个话题列在荧屏上，段落分明，观众看得明明白白。字幕比话语更易印入观众心里。

在今天的纪实性专题片、纪录片中，主持人是很常用的一种结构体现方式。主持人出面穿针引线，将全片各因素、各段落有机地连串起来，有脉络清楚、自然流畅、亲切等优点。

专题片中，结构线索的体现方式很多，此外还有同期声、采访对象叙说及音乐音响等手段。在任何一部专题片中，表现方式可能以某一个或某两个元素为主，并不能排斥其他元素的作用。事实上，每一部专题片的结构都是由电视语言的全体元素共同来表现的。

第四节　细　节

一、细节的重要性

如果说结构是专题片的骨骼，细节便是专题片的血肉，二者都是专题片不可缺少的最基本因素。仅有骨架，专题片只是一堆僵死的"骷髅"；仅有细节，专题片只是散沙一片，细节也无所附丽。结构与细节相辅相成，共同完成专题片这一"生命"实体。

所谓细节，是指在电视屏幕上构成人物性格、事件发展、社会情境、自然景观的最小组成单位，对表现对象的局部或细微变化的展示。

专题片可以无情节，但不能没有细节。电视传播特性决定了它的画面第一性，画面从来就是具体、逼真、生动、感性的，细节是这一要求的最好体现。最重要的，细节的具体性、逼真性，使它在表现主题、揭示人物性格和情感方面具有不可替代的作用，人们往往会因一个动情的细节而潸然泪下，或一个滑稽的细节而捧腹大笑。也即说，细节对观众有极强的感染力。一部专题片、影视故事片似乎更是这样，给人们印象最深刻的大多是一些动人的细节，提到某部作品，脑中浮现的首先是那些生动的细节。这就要求编导们充分重视细节，发现并开掘细节。

当钢筋水泥般的结构搭起来时，专题片还只是冬天里一棵光秃秃的树；当细节与结构合二为一时，专题片便有了绿叶与花朵，成为生机勃勃、枝繁叶茂的春天之树了。

二、细节的类别

细节大致可以分成动作细节、神态细节、物件细节和环境细节。

动作细节主要指用身体特别是四肢所表现出来的细节。《龙脊》中，潘能高与另一同学因欺负女同学被老师惩罚冲厕所，为了确定谁去提水，他们两人便划拳。《半个世纪的爱》中那对农民老夫妇，一前一后去菜园，默默地保持一段距离，过小木桥时，老大爷回头一看，再拉一把老伴。《沙与海》里牧民大女儿纳鞋底一段，更是很好的动作细节。这主要体现在：先是很自然地纳鞋底；当问到她什么时候结婚时，她使劲用手拔针；再问到她想不想离开家时，她手握鞋底，用力捏搓，低头不语。这一连续的动作细节加上她的神情细节，极好地刻画了人物情感。

神态细节主要是指人物面部、眼睛表现出来的细节。神态细节由于大多用特写镜头，加之人的面部与眼睛作为情感的最佳传递部位，所以，神态细节的冲击力显得特别强，喜、怒、哀、乐等在人物脸上一看便知。文学创作中，神态细节描写是极重要手段，所谓"巧笑倩兮，美目盼兮"、"回头一笑百媚生"，刻画人物可说是精妙之笔。神态细节"不是作用于我们的眼睛，而是作用于我们的心灵"。好的编导都极重视神态细节的表现。《龙脊》里有一女孩因家贫被迫辍学，可她多么渴望能继续上学啊！片中一个镜头感人至深：同学们高高兴兴地搞清洁、大扫除，那小女孩独自一人倚在一棵树上，远远地默默地看着，眼睛里流露出多少羡慕。或许，在她无言的神态背后，她心中说："即使让我扫一扫地，我也该是多么高兴啊！"系列集锦式纪录片《中国母亲》中有一集讲一位律师母亲与儿子的故事，其中也有一个极生动的神态细节：皮律师在丈夫死后，以积极、乐观的人生态度生活着，培养出健康、懂事的儿子。这天，母与子去上坟，在儿子离去后，母亲一人悄然落泪。这一神态细节将母亲心中的孤单、艰难一下子揭示出来，展现了内心的另一面。

物件细节因为物件与人的各种关系而有特殊意义。犹如常说的"睹物思人"，

77

物件并不单纯是一个客观的事物，它是人们情感的凭借、依托，或是人类共识的一个象征，也即说，物件细节中的物件应该是一种情感、一种象征或思想的符号。《壁画后面的故事》开头，编导与刘玉安第一次去陶先勇家，镜头便给我们展示了这样的物件细节：窗台上晾着的单只鞋和鞋垫。这一只鞋和鞋垫便暗示陶先勇只有一只脚需要鞋，另一条腿已瘫痪或可能已截肢。简简单单一个镜头，便告诉了观众许多内容。在《中华之剑》中，物件细节用得更多，比如缉毒战士牺牲前用过的东西，妻子一直保存的烈士的遗物等。物是人的体现，物件细节就是表现人。在人物传记中，由于被表现对象大多已经去世，物件细节更成为重要手段。

环境细节是指用某环境所独具的特征来展现交代环境的细节。比如《格拉丹东的儿女》中，把孩子拴在木桩上，玩具只是牛骨头和废酒瓶，上学时用的是酥油加牛粪灰制成的写字板等生活细节，就形象地表现了格拉丹东别具一格的民风民俗。而交代环境最简单的莫过于将镜头扫过一些招牌，诸如"×××学校"、"×××电视台"。

三、细节的作用

专题片是一首歌，细节是一个个跳跃的音符。在专题片中，细节起着刻画人物性格、揭示人物情感、揭示主题、交代环境、推动情节发展的作用。

刻画人物性格。大型纪录片《毛泽东》中有一个细节，毛泽东与赫鲁晓夫会晤。上午的会谈因赫鲁晓夫在中国建立舰队的无理要求被拒绝而不欢而散。下午，毛泽东将会谈地点改在游泳池，首先邀请赫鲁晓夫游泳；结果，毛泽东欢快畅游，赫鲁晓夫却不得不抓住一个救生圈，目瞪口呆地看着游泳自如的毛泽东。这一游泳细节，生动地表现了毛泽东的好胜、不怕威逼、善于进攻的性格。前文所举《龙脊》中潘能高与同学划拳定提水的细节，也极好地刻画了他们天真、活泼的性格。

展示人物情感和内心。《沙与海》中纳鞋底一段，细腻地揭示出牧民大女儿对恋爱与婚姻的喜悦、对离开家与父母的矛盾。《毛泽东》中有一个细节，毛泽东请大区书记吃饭，每人只一碗面条；请陕西一农民吃饭，却丰盛得多。毛泽东说，大区书记们平日里谁也不敢让他们饿肚子，到我这里，就得让他们知道饿肚子的滋味。这里，非常形象地表现出毛泽东对人民的关心、热爱。

揭示主题。一切细节都必须为主题服务。《龙脊》有许多细节，对揭示主题很有点"随风潜入夜，润物细无声"的意味，使观众在不知不觉中就体会到编导意图。为了交学费，潘纪恩到外面去淘金，辛辛苦苦淘到一点点，用纸包了又包，给别人看时，既兴奋又害怕弄丢。其高兴中却让观众感到心里发酸。潘能高的爷爷在潘能高考试时，突然旁若无人地走进教室，到潘能高身边，低头看他考试，老师叫他出去，他还恋恋不舍。他并不识字，但他为自己孙子高兴，关心着他的学习。还有上面已提到的看别人扫地、已经辍学的小女孩的细节，等等。这些细节，极生动

地表现了龙脊村人的贫穷、人们对知识的渴求，揭示了主题。《搬家》中有一个细节是，老教授与工头及工人讨价还价，为一点点钱而费尽唇舌，表现出知识分子生存空间的艰难、经济条件的窘迫，真实地揭示了知识分子的生存状态。

交代环境。《今日京华》中有一集《大漠深处北京兵》，创作者为了表现只有两名士兵的哨所的枯寂、孤独，选择了这样的细节：为了排除孤独，他们跑到几十里之外的火车站，竟然只是为了"看看人"；沙漠的水十分珍贵，轮到谁做饭，谁才有权用水洗洗手。还有什么比这样的细节更能表现环境的艰苦呢？环境的艰苦又衬托出战士们保卫祖国的赤子之心。

推动情节发展。人们已越来越重视专题片、纪录片的情节化、故事化，而推动其发展的正是细节。《重逢的日子》是讲述一对相隔 40 年重新团聚的夫妇的故事，情节几起几折，人们感叹"生活比戏剧更有戏剧性"。在事情进程中，细节是重要而关键的推动因素。比如最后，女主人与大陆后夫去离婚，本以为一切顺利，所以女主人心情是轻松、愉快的。可是，当办事人员说房子只能一人一半，她无权一人获得房子时，女主人的脸色一下子变了，当即说不离了。办离婚手续这一细节承前启后，使故事奇峰突起、急转直下。之后的结果便是这一细节直接引出：虽然重逢却不能永远相聚，原夫只得独自回台湾。

四、细节的表现形式

那么，细节通过哪些形式来表现呢？

一般说来，主要有画面、解说、叙说、画面与解说结合等形式。

画面形式。由于画面与细节共同的具体性、感性特征，画面是表现细节最具感染力的形式。《沙与海》里最优美的段落——小女孩滑沙，就是这一形式。当小女孩把鞋扔在沙上，鞋像两只小帆船缓缓滑下，留下两道好看的沙痕；接着，小女孩自己也沿着沙堆滑下，似去追逐那两只"帆船"；背景是高远而蔚蓝的天空。这梦境一般的细节太完美太可爱，画面已经足够包容一切，又何须其他形式诸如解说词来打搅与破坏呢？画面形式表现细节的一个极大好处是，它可以保持细节的多义性，能让观众有充裕的想象空间。比如同为上述小女孩滑沙细节，其他人可能联想到：那是小女孩的沙漠游戏，那是小女孩的孤寂表现，或者是牧民大女儿对儿时的回忆、对将来的憧憬……

解说形式。专题片、纪录片对客观现实真实的严格要求，使得画面表现对过去式与将来式细节无能为力。无所不能的解说词却可以上追远古、下及未来，全无时空局限。同时，画面多义性既是优点，也可能造成含义模糊的缺点，难以准确表达编导意图，解说形式可以弥补这一不足。解说词细节主要用于历史文献片、人物传记片较多。《让历史告诉未来》中有这样一段解说细节："1927 年 12 月举行的广州起义受到残酷镇压。由于汗的浸湿，起义军脖子上系的红布带褪了颜色，结果凡是脖颈上查出染有红颜色的人一律被杀。"《世纪行》里也有类似一段绝妙的解说词细节："也是这一天，一位来自二野的军官，行进在受阅的队列里。在他怀里，与怦怦跳动的心紧贴在一起的，是一张卖身契。……他揣着卖身契，又从广场走向解放大西南的战场。"

事实上，字幕也同样起着与解说细节相同的作用。《方荣翔》中有一段字幕，那是方荣翔在香港演出，几次病倒，几次坚持演出。在一次极为严重的发病后，人们纷纷劝他休息，方荣翔依然以观众为第一，并立下字据。字幕便将字据照样打出，最后一句是："一切后果责任完全自负。"这一字幕细节又较解说细节好，所谓白纸黑字，掷地有声，深深地烙印在观众心里，造成极强的震撼力。

片中人物的叙说、回忆也是一种表现细节的形式，也不受时空限制。通过与当事人相关的人或表现对象自己的声情并茂的叙说，细节会更有亲切感、真实感。《毛泽东》里有不少这样的叙说细节，比如毛泽东会见尼克松，人们通常看到的是毛泽东精神饱满、面带笑容与尼克松会见的场面，而毛泽东身边的工作人员却向我们叙说了会见后面的许多细节：当时毛泽东身体很不好，人们很担心会见中毛泽东会发生意外，所以，在会见室隔壁准备了大量的抢救设施。众多工作人员聚集在那里，时刻准备救护。当我们知道了这些细节时，便会更由衷地钦佩毛泽东伟大的意志力量与人格力量，为了使中国走向世界，毛泽东承受着多么大的个人痛苦。

画面与解说结合的细节。这实际上是解说进一步解释和强化画面细节的形式，但不是简单的画面细节加解说细节，二者必须和谐、统一。这种复合细节具有两种功能：一种是延续画面细节的时间，将同一类细节集中编辑，给观众以更深的震撼。另一种是利用解说的手法，强化细节的理性和思想性，即升华思想。

第五节　节　奏

一、什么是节奏

一部专题片有了结构，有了细节，骨骼健全了，血肉丰满了，但这时，它还只是一个"实体存在"，犹如一棵枝繁叶茂、高大挺拔的树，而非生动的人；或者，至多只是一位被良好技术防腐后埋藏地下数千年的绝色美人，虽然面色红润，冰清玉洁，但她的生命却早就完结了，她缺乏活力，有待生命的注入，有待如来佛祖的一口仙气吹拂，使她复活。

专题片的节奏便是这一口仙气。只有有了节奏，专题片这一"实体存在"才从树的静止变成了人的活动，其心脏与脉搏才开始跳动。

节奏是人们对时间与空间的一种知觉，它是客观现象的延续性、顺序性和规律

性的反映。节奏客观存在于世界中，比如大自然的运动节奏，日升日落、月盈月亏、日夜交替、四季循环；生命的节奏，心跳、呼吸、血液循环；栉比的屋瓦，有层次的竹笋，海水冲积成各式浪纹的沙滩，贝壳上一圈圈的螺纹，燕子在晴空画下抑扬顿挫的弧线……

我们生活在节奏的世界，因为时间从宇宙诞生之初就以自己独有的步伐前进着，或以万年、千年、百年为一个步履，或以一天、一小时、一分一秒为一个节奏单位。

人人都有感应节奏的能力，因为节奏与人的身体机构——脉搏和呼吸——有密切关系，某种节奏可以唤起某种肌肉的伸缩。人们对音乐节奏感应最为灵敏，迪斯科或别的节奏明快的舞曲一响，大家常常会情不自禁地想跳、想蹦，这就是对节奏的强烈反映。当然，很多节奏是比较复杂的，一下子难以区分出来。对节奏的感应能力，人们往往也差异很大，有些人敏锐，有些人迟钝。一个从事艺术工作的人，如果缺乏节奏感，那是难以想象的。

对于节奏的解释，人们是林林总总，很不统一，有的说是重复，有的说是周期，有的说是款式，有的说是韵律，有的说是拍子……其实，这些都只是节奏的某一个方面、某一种表现。

"节奏所需要的条件是：一个力的量，一个空间或时间的尺度，一个时间或空间的过程，'当这三种东西完美无间地配调起来的时候，结果就是节奏的——力量是继续不断的，时间是相等的，空间是规则的。'拿一个钟摆作例：有发条在后面作推动的力，每个周期的时间相同，左右摆幅的空间是有规则的。"（张骏祥：《导演术基础》）

这并不是对节奏的完整定义，但抓住了节奏的特征，即力、空间或时间的尺度、过程。就专题片而言，推动整个节奏发展的是专题片的内部节奏，空间或时间的尺度则体现在片中主体运动、摄影机摄像机运动和画面剪辑等外部节奏中，节奏得以完成的过程是专题片的内容展现长度。专题片的节奏是内在节奏与外在节奏的和谐统一，内在节奏通过外在节奏来显现，外在节奏必须以内在节奏为依据。

二、内部节奏

专题片的内部节奏，主要是指由情节发展的内部联系或人物内心情绪起伏以及创作者的思绪波澜而产生的节奏。比如事件发展或缓慢或疾速，人发怒或震惊时呼吸加快而短促、心跳加速，突然震惊时甚至出现呼吸中断。

内部节奏决定了一部作品的基本节奏，是驱动整个作品发展的力量。《山洞里的村庄》，其人物是远离快节奏的现代人的，是完全封闭落后的，带有浓厚的自给自足自然经济色彩，其行为、思维都是凝滞的，在拉电线与否这件事上，反反复复争执，或犹豫，或观望，或反对，或期求，其内在生活节奏的迟慢决定了整个片子的节奏必然是舒缓的。《潜伏行动》，其内容是一场紧张而危险的歼匪行动，战士们

81

必须在高温、蚊虫叮咬的环境下潜伏、守候，如有丝毫差错，不仅围歼计划失败，面对凶残、狡猾、带有枪支的匪徒，武警战士还会有牺牲的危险。潜伏是紧张的，战斗打响后追击匪首当然更是紧张的。这样，事件内在紧张节奏决定了《潜伏行动》节奏的快与紧张，所以观众会以强烈期待心理等待扣人心弦的全过程。

内部节奏是由事物发展的内在关系或人物情感决定的，必须通过外部节奏表现出来，即以具体可感的节奏固定，呈现在电视屏幕上。

三、外部节奏

外部节奏是指画面上一切主体的运动、摄像机运动、画面剪辑而产生的节奏。当然，外部节奏还包括各种对话、音乐音响及解说词节奏。

也即说，外部节奏包括听觉节奏和视觉节奏。听觉节奏是指通过听觉形象表现出来的节奏。专题片中人物对话、解说词，人物动作和自然环境中产生的音响，写实和渲染气氛的音乐等，一切诉诸观众听觉的有规律的轻、重、强、弱交替出现的声音层次，构成专题片的听觉节奏。

视觉节奏则是通过画面形象表现出来的节奏。专题片中主体的运动、表情与动作，摄像机的升降推拉摇移，蒙太奇组接编辑中镜头的长短等，一切诉诸视觉形象的张弛、徐疾、远近、长短等交替出现所形成的合乎规律的运动，构成专题片的视觉节奏。

电影、电视是声画合一的艺术，所以，专题片的外部节奏也就表现为听觉节奏与视觉节奏的统一，二者相辅相成，不能互相抵触、背道而驰。

当创作者把题材选择好、主题确定下来之后，专题片的内部节奏就已确定下来。同时，由于专题片的严格真实性，所以外部节奏中的听觉节奏的大部分（除解说词与人工音乐外）实际上也已确定了。这样，需要创作者们去完成的便主要是视觉节奏。换句话说，创作者的任务就是如何用一个个视觉画面去体现内部节奏。

林格伦在谈到电影的节奏时说："画家运用色彩与线条，雕刻家运用凝固的硬块，作曲家运用乐音，作家和诗人运用字音和韵律，而电影创作者呢？他们又运用什么呢？无疑的，这个问题的答案就是运动。"

运动是时间存在的体现方式，而时间是节奏的楷模。专题片与电影一样，在运动中，通过画面的运动来传达节奏。视觉节奏就表现为时间运动和空间运动中的节奏。

我们前边已经说过，视觉节奏主要指画面主体运动、摄像机运动、画面剪辑所体现出来的节奏。其中，画面主体运动的快慢、摄像机运动的疾徐、画面剪辑率高低，都属于时间运动节奏范围。比如画面中一个人飞速地奔跑，形成时间快节奏，一个人懒洋洋地工作，形成时间慢节奏。画面剪辑中，有一种叫镜头比较长度，即一组对列的短镜头，通过快速剪辑，使镜头在屏幕上停留的时间长短产生一种互相

比较的关系，当剪辑率越来越高时，画面节奏就越来越快。

通过时间运动的长短来形成节奏是最基本最常见的方法，也是最易被观众理解的方法。空间运动节奏就要复杂些，甚至不是一般人可以明白。一般人都可以很快识别出一首歌曲的节奏，但面对一幅画、一幢建筑，则绝大多数人可能会瞠目结舌，甚至反问："它们有节奏吗？"人类对节奏的感知，听觉比视觉强，对时间的反应比对空间敏感。

空间与时间一样有自己的节奏。河中粼粼的水波，树叶的脉纹，天空白云的层次，都形成一种节奏。在专题片中，这种空间运动节奏，主要体现为画面主体与摄像机运动幅度、范围和画面剪辑中景别的对比所产生的节奏。这种节奏大多是由对心理的冲击而产生。比如景别的处理，由于远景、全景、中景、近景、特写各自的叙事和表意功能不同，对它们的不同组接会产生完全不同的节奏效果。为了叙事，屏幕上依次出现全景、中景、近景，其节奏是流畅、平稳的；从近景再推至全景，效果也一样。但是，当我们为了表现一种情绪，把同类景别的镜头组接在一起，会造成一种积累效果，其节奏是活泼、跳动的；而如果我们将两极镜头组接起来，即大远景与大近景或特写组接，可以造成强烈的对比效果，作用于人的视觉，而后必然震撼于人的心灵，其节奏是激烈、强有力的。这好似音乐从高音突然降到低音，或从低音一下子飞扬到高音。

从上面论述中我们可以看到，不管是时间运动节奏中的剪辑率快慢，还是空间运动节奏中景别变化的冲击，实际上都是通过画面视觉节奏作用于观众的心理。从某种意义上，我们可以说，节奏是一种心理感应。马赛尔·马尔丹说："所谓影片节奏，并不是指各个镜头放映时间的比例，而是指每个镜头的延续时间适应于该镜头所能引起并使观众感到满意的那种注意力的紧张程度。"（马赛尔·马尔丹：《电影语言》）

四、内外节奏的统一

上边分别介绍了电视专题片的内部节奏与外部节奏、听觉节奏与视觉节奏、时间节奏与空间节奏。对一部作品来说，内部节奏是根据，是基础；所有节奏必须协调一致，一首歌总不能同时出现三四个调。

但应当指出，内、外节奏的丝丝入扣并非死板一块。和谐、一致是指有机的融合，是本质的一致。比如说，为了表达情感、抒发情思，片中人物的内在情绪和外部动作有时并不完全一致，在情绪的高潮或段落的结尾处，镜头往往不按叙事长度来处理，而需要适当地延长，以抒发未尽的情感。所谓"余音绕梁，三日不绝"。这多用特写镜头或空镜头、定格等形式来处理，这类镜头的适当延长一方面是传达情绪、意境，另一方面也是加深观众的印象。这样，表面上看似不一致，而其内涵则是完全统一的。

83

一部专题片的节奏体现在整部片子的综合艺术之中，是各种电视手段、各种节奏彼此相融的结果。《方荣翔》在节奏的处理上，充分调动多种手段，很好地表现了主题。比如，表现手术室中医生们紧张地抢救方荣翔，室外戏迷们紧张地等候手术结果。"戏迷在等待"这组画面使用的是定格处理，而且是无声，但它给予电视观众的感受反而更加紧张焦虑。这是由于所采用的艺术手段适应了片中此时的内在情绪节奏，并使内在情绪节奏与观众的观赏心理节奏相吻合。再如，方荣翔第一次手术后的首场演出，台上紧锣密鼓，方荣翔正在唱一段节奏急促的快板；台下的医生们却紧张地盯着显示方荣翔心脏跳动的监视器上的曲线；观众的反应，如雷的掌声，造成了规定情景中的特殊氛围。这种画面上主体的运动及镜头的转换速度的统一，以它较强烈的外部节奏的感应，使观众在紧张情绪被释放出之后产生了满足感和愉悦感。另外，在听觉节奏的选择和处理上，该片也作了较成功的努力。比如"包龙图打坐在开封府"这句唱腔，片中用了三次，第一次用在片头，在造成先声夺人的气势的同时，又起着唤起人们对方荣翔思念的作用；第二次用在"香港演出"的高潮部分；第三次仅用了半句，是在"方荣翔去世"这一部分，一个"开……"字的延时处理，意在揭示出方荣翔与艺术、与观众的生死之恋。可以看出，在《方荣翔》中，内部节奏与外部节奏、听觉节奏与视觉节奏都非常有机地融汇在一起，形成了完整、和谐的整体，从而成功地表达了主题。

五、节奏的形态

节奏在专题片中一般表现为平稳、流畅、对比、重复、跳跃、凝滞、停顿等形态。如同结构一样，节奏应该是活泼的、变化的。其实，节奏就是一个层次问题，不管内部节奏还是外部节奏，听觉节奏还是视觉节奏，时间节奏还是空间节奏，都以层次形式展开、排列，或者相似，或者相对。节奏所需要的那一个过程，就是层次一一展示的过程，亦即节奏渐渐形成的过程。这层次就如同水面上投下石子之后荡开去的一圈圈涟漪。当石子大时，可以激起千层浪；石子小时，就微波轻漾；当我们在第一个涟漪还在扩散、传动时，如果又投下一些石子，则首先是水花溅起，接着打破原有水纹，但最后，依然是清晰而整齐的层次。

这就是说，节奏是层次的规律性，当推动节奏运动的力大时，节奏的波涛就汹涌澎湃；当力小时，节奏便只表现为细细的波纹。但节奏需要变化，所以，犹如不断扔石子到水中一样，推动节奏的力量发生着大小的差别，因此在一部专题片中，有时紧张、快节奏，有时舒缓、慢节奏，但最终是统一于一个总的节奏。

就我国当今专题片，特别是纪录片而言，节奏都比较缓慢。这一方面受电视收视环境影响，人们不会像看电影、戏剧一样坐在电影院与剧场里聚精会神地欣赏，而是在一个相对杂乱的、极具随意性的家庭中。而专题片、纪录片一般又没有十分吸引人的故事情节，观众就容易分散注意力。如果节奏太快，人们往往还没看清楚是什么内容,节目便已过去,因此应有较充分时间较缓慢节奏供观众领会。但是,我们认为,节奏大都偏慢的更主要原因,是观众审美观念的变化和编导们拍摄专题片、纪录片思维的转换,那就是复原生活、回归生活、返璞归真,要求作品与生活同步,有一种日常生活感。而生活的日常节奏并不太快,对大多数人来说,过的都是慢节奏生活。

但是,生活是丰富多彩的,犹如一部专题片的节奏不能一平到底没有变化,每部专题片也都应有自己独特的节奏。我们既希望看到小桥流水的潺缓,也期盼着黄河大合唱的雄浑;人们一方面亲切地爱恋着自己的日常生活,另一方面也向往着梦幻般的起伏跌宕、有曲折的超常生活和变换的节奏。

本章思考与练习题

1. 如何发掘题材本质?

2. 主题的产生受哪些因素影响?

3. 怎样理解结构是人类掌握世界、观照人生的方式?

4. 举例分析专题片的结构线索。

5. 结构的原则、精神、气韵是什么?

6. 举例分析细节的类别及其作用。

7. 如何分析一部专题片的节奏?

第 四 章
系列节目

【本章内容提要】

　　《丝绸之路》开我国电视系列节目先河，《话说长江》曾辉煌一时，《让历史告诉未来》影响巨大，此后系列节目日趋成熟。

　　系列节目的优越性及特征表现在：时间长，内容含量大，形式、风格丰富多样，可充分与观众交流，连续性和固定性。

　　从内容看，系列节目可分为名山大川与名胜古迹类，名人传记类，对真理、观念的论证、阐释类，等等。

　　系列节目是一种内容极为丰富、结构庞大而复杂，既独自成章又相互有内在联系的、能形成完整体系的、由单一节目组合的大型节目群体。与电视连续剧一样，电视系列节目从诞生的第一天起，就以自己独特的魅力赢得了广大观众，从此长足发展，成为电视专题中一个非常重要的节目形态。

第一节　历史回顾

　　电视系列节目是电视专题节目发展到一定阶段的产物。我国电视自 1958 年诞生后的二十多年内，一直以摄制单本专题片为主，两集以上的选题寥寥无几。随着电视事业的迅速发展，人们渐渐认识到电视的巨大潜力，终于发现了电视系列片这一能够充分展示电视优势的节目样式。事实已经证明，电视系列片的巨大影响是难以抗拒的。

　　中日联合摄制的《丝绸之路》是我国第一部大型电视系列片，长 18 集。该系列片沿丝绸古道，由东向西探古访今，生动地介绍了公元 2 世纪到 14 世纪我国通向西亚、欧洲的陆路交通要道，全长 7000 余公里，既是一条丝绸之路，又是对外交流的交通命脉，对促进我国和世界文明的发展起了重要作用。《丝绸之路》系列片由

于内容丰富多彩，系统完整，摄影、编辑具有高度艺术性，吸引了亿万中外观众，先后在中国内地、日本和香港地区普遍引起了巨大反响。在日本播出期间，突破了教育性、知识性节目的最高收视率，达到 35%，出现了空前的"丝绸之路热"。

1983 年播出的大型系列片《话说长江》，长达 25 集，以其空前浩瀚的规模和广博的思想内容，以及富有民族特点、电视特点的艺术形式，深得广大观众喜爱。新华社向海外发英文新闻专稿，报道中国的"话说长江热"。在长达半年的播出时间里，不同年龄、职业的电视观众，怀着浓厚的兴趣连续收看。电视台收到大量的观众来信，有赞扬、有评论，有的索要解说词，有的批评缺点、差误。一位七旬老翁赞誉这组节目"是一幅写意画、一支交响曲，给人以美的享受，激发了人们的爱国热情"；一个 8 岁的学生则由衷地感叹："长江太伟大了！"在为同名专题音乐会征集主题歌词的时候，广大观众的热情达到了高潮。在短短的 13 天里，来稿 5000 多份，有的来自 14 岁的学生，有的来自 90 岁高龄的老人，还有卧床不起的癌症患者。这 5000 多份歌词来稿，充分显示了系列节目《话说长江》的巨大社会作用，其影响是空前的。这部系列片还先后送至香港、美国等电视机构播出。随后还相继出版了《话说长江解说词集》、《话说长江歌曲集》、《长江画册》等。

电视系列片由于《话说长江》的大放异彩，有力地促进了自己的发展。从此以后，系列片以电视专题节目中"巨人"的身姿屡屡出现，制造出一个又一个辉煌。中央电视台相继推出了《话说运河》、《黄金之路》、《唐蕃故道》、《让历史告诉未来》、《蜀道》、《伏尔加日记》、《人民必胜》、《黄河》、《共和国之恋》、《万里海疆》、《望长城》、《世纪行》、《广东行》、《中华之门》、《中华之剑》、《大京九》、《庐山》、《毛泽东》、《伟人周恩来》、《邓小平》等大型系列节目。一些地方台录制播出了《万里长城》、《丝路漫游》、《西部之光》、《绿色长城》、《同心曲》、《南方丝绸之路》、《追求》等系列片。这些重头作品的播出，无论题材内容还是表现形式、创作风格，都各有所长，竞相争艳，成为电视专题节目创作的重要成果。这些系列片引起人们的普遍关注，产生一个个热门话题，其影响力是其他专题节目无法比拟的。

1986 年开播的《话说运河》，全片 30 余集，有丰富深刻的内容，是一部包容量很大的纪实性系列片。有名山大川、美丽的风光、渊博的知识，有美也有丑，有运河光辉的历史，也有历史遗留下来的现实问题。该系列片具有较高的文化层次，站在文化的高度来安排全片内容，给观众以陶冶、启迪。此外，该片在节目主持人和表现手段电视化方面都作了有益和成功的尝试。该系列节目自 1986 年 7 月 5 日至 1987 年 3 月 28 日，定时播出达 9 个多月，一直保持了同类节目中的较高收视率。

大型系列片《让历史告诉未来》是 20 世纪 80 年代最具影响的军事节目。这部 12 集的系列节目是为纪念中国人民解放军建军 60 周年而录制的。首播时，收视率达到 20%，又应观众要求多次重播。从中央领导人到普通观众，从高级知识分子到青年学生，从部队到地方，不同层次的观众纷纷来信和打电话，一致认为这是一部主题思想鲜明、编辑手法新颖、资料运用充分、解说生动感人的好片子。不少报刊相继发表评论，《中国青年报》以"都在看着今天"为题发表评论说："《让》片以新的视角，回顾我军 60 年走过的光辉道路，不搞编年史，却大事不漏，脉络清晰；不搞传记片，却在个人的点滴小事中让你领悟出历史的真谛。在明快的节奏中，60 年的历史被浓缩在 240 分钟的节目中。在精选的事件及人物中，你却如读一部军史。这部由年轻人编辑拍摄的大型节目，激情与深沉同在，歌颂与思考并行，对历史的尊重，对现实的思考，全在一些精心剪裁的场景中。"

　　1991 年 11 月 18 日北京时间晚 8 时整，中国中央电视台和日本东京广播公司 TBS，同时播出双方合作拍摄的大型电视纪录片《望长城》（日方片名为《万里长城》）。据统计，双方的收视率均达到 40% 以上，共同创下了纪录片收视率的最高纪录。《望长城》这部系列片的影响几乎众口皆碑，因其创作观念的"革命"，被称为中国纪录片"告别昨天，迈入今天的里程碑式的作品"。现在通行的长镜头、同期声、纪录过程等客观纪实手法，都直接受《望长城》影响。这就是说，系列片《望长城》不仅使广大观众耳目一新，受到热烈欢迎，而且对我国电视专题片、纪录片的创作观念产生了划时代的影响。

　　像《世纪行》、《广东行》、《中华之门》、《中华之剑》、《毛泽东》、《伟人周恩来》、《邓小平》、《大国崛起》、《故宫》等大型系列片，无不以强烈的思辨色彩、生动感人的事例震撼着广大观众，显示出电视系列节目强大的威力和重要的作用。

第二节　本体特征

　　电视系列节目"地位显赫"已不容置疑，其繁盛原因何在？其魅力何在？

　　与其他电视专题节目相比较，不难看出系列节目的特色与优势，这集中表现在：节目时间长、容量大、形式多样、风格多样；连续地固定播放，有整体力量，易造成心理冲击；系列节目中，可以最大限度地与观众交流，等等。可以说，系列节目是电视专题节目的"集大成"者，可以吸取专题节目创作的所有精华于一身。下边就系列节目的特色与优势叙述于下。

　　"长"是系列节目第一个特征，也是最明显最基本的特征。我国中央电视台和日本 NHK 电视台的《丝绸之路》分别为 18 集和 14 集，累计长度都在 12 个小时左右。《话说长江》有 25 集，播出时间达半年。《话说运河》30 多集，定时播出达 9 个多月。《让历史告诉未来》有 12 集，共 240 分钟。《望长城》共分为 4 部 12 集，

总长度 626 分钟。《大京九》有 30 多集。《庐山》12 集。《大国崛起》12 集。《故宫》12 集。《香港十年》8 集。《再说长江》33 集……

尽管"寸有所长，尺有所短"，当共同呈现给观众时，观众更易受系列节目"左右"，"重量级"拳击手与"轻量级"交手，胜负是不言自明的。所以今天的节目评奖中，不管电视剧也好，专题节目也好，或者新闻类节目，都已经按"重量"分别对待。

康德在论崇高时，曾说到其中两种决定因素：数量与体积。高山大海较之一粒尘埃、一颗水珠更易有崇高感，更给人威慑、庄严感。

系列节目在时间、内容上的长显然是一种优势。虽然《沙与海》、《最后的山神》、《龙脊》、《回家》是精品，内容与形式俱佳，还获得国际大奖，可是，如果你去问一问普通观众，他可能会告诉你：他不知道有这些节目，但知道《话说长江》、《让历史告诉未来》、《望长城》、《大国崛起》、《故宫》。这便不得不承认"长"的威力。

《东方时空》、《焦点访谈》每期节目也不长，但天天播放，实际上非常"长"，远超过了系列节目，所以在观众中影响巨大。从某种意义说，栏目就是系列节目，是广义的系列节目。今天电视之所以栏目化，"系列效应"是其重要的原因。

系列节目以"长"而赫然耸立于观众面前，令观众不得不抬眼视之。

但"长"毕竟只是系列节目的外部特征，其实质表现则是系列节目内容的巨大丰富和形式、风格的无限多样。这是系列节目的第二个重要特征。

系列节目容量之大、内容之广泛，少则数小时，多则十几、几十小时，在表现社会生活的广阔性方面，其他节目形式是难以与之匹敌的。《丝绸之路》包括上下千百年，纵横几万里，题材广阔，内容庞杂，分成《古都长安》、《祁连山下》、《敦煌》、《流沙古道》、《楼兰王国》等十几个部分。一般性专题节目最多只能介绍其中之一。《话说长江》几乎是关于长江流域的一本百科全书，长江沿岸的山水风光、历史文化、名胜古迹、名人典故、诗词歌赋、风俗人情、新旧变化等尽纳其中，奇观荟萃，胜景博览。《话说运河》先以序集形式展示了节目拍摄中"海陆空"立体式战役的浩大气势；接着着重挖掘了运河自身的奥秘及其两岸的风土人情，将运河的古姿今貌中最动人之处展现出来，并与人的创造结合起来，唤起观众对大运河从感性到理性的热爱与崇尚；在节目的后面部分，侧重揭露了大运河所面临的问题，如污染、干涸、断航等，庄严地发出人民的心声："爱我中华，修我运河！"《让历史告诉未来》以史诗般的风格，表现了人民军队 60 年的战斗历程，一部苦难的历史、悲壮的历史、辉煌的历史；它不仅仅是一部军史，也是一部中国人民革命史。《望长城》采访对象之众，信息含量之大，是以往任何一部表现万里长城的电视片无法相比的。

人类发展到 21 世纪，已经迈入信息时代，现实的急剧变化，促使人们的文化生活及审美情趣发生着较大变化。现代的观众，已从过去的被动接受型，向着主动思考型转变。人们不仅想从电视中得到娱乐，更想从中得到知识，得到信息。不仅想看到"是什么"，更想了解"为什么"。真实、准确、丰富的信息，已经成为现代观众欣赏电视专题节目的重要期待价值，而这正是系列节目所具备的。系列节目的"长"与开放式结构，可以装载下"上下古今"、"天地万物"。

从某种角度来说，系列节目内容的丰富性与"长"，跟电视连续剧相似。连续剧也以"长"为特征，《四世同堂》28 集，《红楼梦》37 集，《三国演义》80 多集。即便这样长，人们依然感到不够，所以当初人们会对本已拍得不错的《红楼梦》有所不满，其中一个较为普遍的反映是："没有看过小说的人，看不懂；看过小说的人，不满足。"问题症结在于：还是不够长。如此，一部电影或一个单本电视剧又能怎样？至多舀《红楼梦》这大海洋中一点一滴而已，又岂能解广大观众心中之渴？

系列节目包罗万象的内容，庞大的容量，自然需要多种多样的表现手段与之相适应。电视系列节目由于采取化整为零、分段编辑、连续系列播出的方法，把主题的表现"在时间上分割为连续性的片断，构成上演节目"，所以，电视专题节目的所有手段都可以在这儿得到施展，系列节目成为"十八般武艺"操练之地。诸如再现、表现、纪实、创意、长镜头、同期声、蒙太奇、过程、主持人、色彩、光效、构图、演播室、外景，等等，都可以在系列节目中找到自己。最重要的，这些形式、手段可以同时出现在一部系列节目中，各显资质，五彩纷呈，构成大主题下的多形式、多风格；而系列分集制作、播出，又不会造成大杂烩的尴尬。

李近朱在谈到大型系列片《大京九》的创作时说，《大京九》在总体纪实风格基础上，采用了多风格。多形式与多风格是由题材的广阔丰富决定的。京九铁路本身是一条大动脉，也是一条风景线。其内容丰富多彩，角度与层次十分纷繁，不可能用一种风格、一种样式去规范。于是，我们看到，《大京九》有宏观横向的议论性的思辨风格，如《路·梦·唤》、《东西南北话交通》；有散文化的抒情性风格，如《流动的家》、《看海去》；有纪录片的纪实风格，如《第九次采访》、《九五春节这一天》；有庄谐相融的调侃式风格，如《大京九与大运河的对话》、《孔乡字号孔姓多》；有艺术化的 MTV 风格，如《今夜星光灿烂》、《千里走京九》；有悲壮的正剧风格，如《别有洞天》、《辉煌的角落》；有游记式的叙述性风格，如《商丘说商》、《花戏楼传说》。

系列节目容量庞大、内容丰富、形式与风格多样的特点，可以让我们再次想到它与栏目，与栏目杂志化、板块化的相似。

系列节目的第三个特征与优势是：可以最充分地与观众交流。交流本是电视专

题节目共同的优点，但是，单本专题片和纪录片由于时间、空间、篇幅的限制，其交流面的广度与深度也就有限。系列节目则提供了无限可能性，能最大程度地与观众交流、沟通，可以运用多种交流手段，诸如采用主持人形式、边拍边编边播、制作特别节目等。

主持人形式现今已普遍用于各类专题节目中，主持人不仅仅是节目各部分内容的组织与串联者，更是节目与观众之间的桥梁。主持人的出现，使大众传播与人际传播相结合，产生巨大魅力，可以像朋友一样与观众面对面交流。从《话说长江》开始，主持人在系列节目中代替以前的解说员，变播报为播讲，在演播厅与观众交谈。《话说运河》在主持人方式上作了深入探索，主持人不再局限于演播室，而走向外景地，现场采访、解说，与观众、群众直接交流。到《望长城》，主持人形式则趋于成熟，焦建成与黄宗英的出色主持令人难忘，他们成为节目的重要因素，自身成为鲜活信息走进广大观众心中。《大京九》主持人在工地上与建筑铁路工人们一起交谈、过元旦，增进了相互间了解，缩短了距离。主持人形式极好地体现了电视作为"家庭艺术"的亲切与温馨。

边拍边编边播则是系列节目独有的与观众交流方式。《话说运河》曾对此作了有益的尝试。这种方式具有实况感、现场感，能够及时而广泛地吸取来自观众的种种信息和要求，吸引广大观众参与到节目的制作中来。这种参与不但与观众形成了气氛融洽的密切交流，而且也从预测观众收视心理角度提高了节目的针对性，在一定程度上避免了电视节目作为"遗憾艺术"的不可补救性。《话说运河》的"无锡"一回播出前，曾有观众建议拍摄船菜。编导们认为，船菜因"船"而与水相连，应该纳入"话说"之列，于是拍摄了船菜镜头，并在"致观众"节目中说明将在"大运河上的无锡景"这一回中，接受观众的建议，编入船菜的镜头。

边拍边编边播在电视系列节目中能够有充分的条件实行，是加强与观众交流的重要手段，也是电视化的重要表现。1995年电影《红天鹅》在北京地质礼堂放映，召开观众、专家意见会议，其意义也在于吸纳观众到电影创作中来，促进与观众沟通。但由于电影制作、拍摄与电视系列节目有许多不同之处，边拍边编边播在电影中极不现实。而电视系列节目却可以得心应手、游刃有余。

特别节目，如穿插在系列节目中的"致观众"、"与观众对话"等，也是增强真实感、交流感、亲切感的方式，是对观众收视意见反馈的再反馈，显示对观众的尊重。

此外，在与观众交流、沟通上，系列节目还运用对摄制工作"曝光"的方法。比如系列片《话说运河》节目之始加上一集表现创作人员工作概况的《话说运河的前前后后》，对"海陆空"主体拍摄的宏大气势作披露。《望长城》的第1集开始镜头是：大雾中，主持人焦建成左顾右盼，扯着嗓子喊："哎，你们在哪儿啊？"摄制组在雾中寻找长城……这些镜头在以往可能被认为"不合时宜",但运用在纪实为主的专题系列节目中,却极逼真、有真实感。将一般观众不知道、颇感神秘的拍摄情况告诉观众,是对观众的信任,更能拉近双方的距离,消除神秘感、朦胧感。

系列节目的第四个特点是播出的连续性、固定性。固定其实就是栏目化,在固定的栏目中,在固定时间播出。还要求系列节目制作时要严格地"整齐划一",统一规格、包装,相同长度、形式。在栏目尚未在屏幕上大行其盛时,往往是开辟特别节目时间,以保证播出定时。从《话说长江》开始,就采取了固定播出方式。《话说运河》则开创了"特别节目"专栏。到今天,屏幕的栏目化更保证了播出的固定。固定播出便于观众收看,能保证相对稳定的收视对象。

系列节目的连续性才是它的优势。在这方面,它与连续剧一样。连续播出的好处是,可以对观众心理不间断地冲击,一天天地累积,一天天地加强,使观众欲罢不能。慢慢地,形成整体,从量变发展到质变,彻底地在观众心中扎下根。单一的短片无此优势,一晃而过,在随意性极大的收视环境中很容易被漏掉,极不易抓住观众。连续性冲击则可以弥补观众收视时的"顾此失彼",多次反复总会给观众留下印象,一旦被吸引,观众就难以离开了。同时,连续播放形成一种有规律的节奏,给观众一种不知不觉的影响,最后便养成了定时收看的习惯,不看反而觉得不自在,似乎有什么没有做一样。

电视系列节目的上述特点与优越性,归根结底还是源于它的"长"。拥有"超人"身材,它才有可能容纳无限内容,具备多样形式与风格,才有了连续不断、广泛与观众交流的机会。"长"使系列节目吞吐自如、伸缩灵活,有极强的兼容性。而家庭收视环境恰恰又适宜这种断断续续的连续和"长"。于是,系列节目得宠也就理所当然。

第三节　题材类别

一般说来,电视系列节目选题都比较大,否则,难以与系列这种形式相称,造成矮子穿长袍、瘦子冒充胖子的滑稽效果。

回顾我国电视荧屏上的系列节目,其题材大致有四类:(1)名山大川和名胜古迹,像长江、运河、长白山、长城、万里海疆、蜀道、庐山、泰山、梵净山、千里嘉陵、辽河以及丝绸之路、唐蕃古道等,以展示祖国美丽的自然风光和悠久的历史文化为主。(2)名人传记,以影响较大的系列片《毛泽东》、《伟人周恩来》、《邓小平》为代表。这些革命领袖人物与中国革命和建设紧紧相融在一起,对他们丰功伟绩的赞颂和伟大人格魅力的刻画构成节目的主体。(3)是对某些真理、观念的论

证、阐释，以《让历史告诉未来》、《世纪行》、《大国崛起》、《复兴之路》为代表。《让历史告诉未来》通过介绍中国人民解放军的成长、发展壮大历程，表明中国人民胜利的必然；《世纪行》是对我国"立国基石"——四项基本原则的"形象化政论"。《复兴之路》则是对中华民族160多年来从屈辱、抗争到独立、解放再到改革开放、繁荣富强、伟大复兴漫长历史的探讨。（4）其他。

从上述几类系列节目可以看出，系列节目的题材都较大，大山、大川、"大"人物、"大"道理、大事件，唯其如此，才构成系列，反之，单本即可。题材的大决定了形式的"大"，形式"大"才能包容大的题材。

除此以外，人们把《神州风采》、《中国一绝》也称为系列节目，还有《东方时空》、《新闻联播》中的《中华学人》、《省长访谈录》、《走马上任新部长》、《民主党派领袖人物系列》、《大学校长系列》、《中国经典民歌100首系列》，等等。

但是，二者的区别是明显的。像《话说长江》、《望长城》、《毛泽东》、《世纪行》等是将大的内容分割成系列来表现，整个节目结构紧凑、完整、浑然一体，缺失其中哪一部分都不全面。但像《中华学人》、《大学校长系列》、《省长访谈录》等，其内容并不绝对固定、非此不可，内在联系并不十分密切，换一个学者、换一位省长、换一首歌曲也未尝不可，并不影响整体。但如果《话说长江》不说三峡、《话说运河》不讲无锡、《让历史告诉未来》不讲抗日战争，或者换成别的内容，显然是荒谬、不成立的。因此，《中华学人》等只能称作广义的系列节目，是题材而非内容的系列。可以这样理解，《话说长江》等是将整体分成板块、按集播放的系列，是整体系列化；而《中华学人》等是将板块合成一个整体，是系列整体化。我们前边提到栏目是一种系列形式，其实正是这种"系列整体化"。

二者的共同之点是：整体、综合效应。

第四节　结构形态

电视系列节目题材重大、内容庞杂，这就要求编导者精心组织、结构，以形成完整、和谐的统一体；同时需要编导者采取灵活多样的形式，特别是每集切入点的选择，以使节目增强趣味性，保证好看。

越复杂的事物，结构越重要，它决定着事物质的优劣，事物具体的组成因素已退居其次。电视系列节目作为"系统工程"，结构至关重要。

结构是事物自身的生成、存在形式，因此，不同的系列节目应根据事物特点选择适合的结构。一般而言，有按时间为线索来结构的，以表现事物发展的顺序、脉络，比如《让历史告诉未来》，就按人民军队诞生、成长、发展、壮大的顺序，以

93

大革命、抗日战争、解放战争、抗美援朝、建设国家几个时间段来结构全片。有按空间作结构线索的，比如《话说长江》，就以长江从西向东顺流而下的空间展开为结构，从发源地、沿途流域到入海口。有以时间和空间相结合的，比如《望长城》，其结构既是按照采访的时间顺序，又是按照从东向西寻找长城的空间顺序，二者一致。《大国崛起》整体上以历史发展时间为顺序，具体则按国家为结构，一国一集。还有按内容的思想、逻辑为结构的，比如《世纪行》。

一部系列片因为内容众多，在总体结构确定之后，可以交叉运用多种结构，以增强灵活性、丰富性。像《让历史告诉未来》总体上是时间结构，但在每一集中，又往往使用时空交错、逻辑、意识流结构，从而生动活泼。

在系列节目的结构上，应注意首尾兼顾，全片统一，否则容易产生"虎头蛇尾"或"水蛇腰"的不平衡情况。

结构定下来之后，节目的切入点成为十分重要的问题。面对系列节目这个庞然大物，如何对它着手解剖呢？这就要寻找适当的切入点。常言说"万事开头难"，切入点也是节目的开头。一般而言，切入点宜小不宜大，如果从细节着手，会很容易让观众进入情景，利于节目往下展开。这就是所谓"战略上藐视敌人，战术上重视敌人"。切入点应该"举重若轻"。每集节目、每个事件的切入点应该巧妙、新奇，而各集之间则要注意变化，寻求多样化。

选择好的切入点、好的角度，在《让历史告诉未来》系列片中有相当出色的范例。该片用了七集的篇幅表现战争，从南昌起义、十年内战、抗日战争、解放战争，到新中国成立后的抗美援朝战争。尽管都是战争，表现手法、切入点却各不相同，各具特色。抗日战争的开头是1936年日本人印制旭日徽国旗，一年后，高举太阳旗的日本军队发动了卢沟桥事变。解放战争的开头是毛泽东与蒋介石在重庆富于戏剧性的会面，毛泽东是真为和平而来，蒋介石却是借和谈争取时间，发动内战，一开始就揭示出这场战争的性质。辽沈、淮海、平津三大战役占了两集篇幅，三大战役的开头也各不相同：辽沈战役从前线指挥部林彪、罗荣桓研究战局开始；淮海战役的开头是一所正在上课的中学，它就是当年蒋介石的徐州"剿共"司令部；平津战役从天津激烈的巷战、敌司令官陈长捷被俘开始。这样的开头给人强烈印象。

《让》片最具匠心的地方之一当属第4集《黄河觉醒》的切入与结尾。这一集描写抗日战争的下半部分，即国民党消极抗日，日本侵略者疯狂扫荡、进攻共产党领导的抗日根据地，直到日本投降。但是，这一集的开头切入点却是抗战结束27年后的1972年，日本国总理大臣田中角荣第一次访问中国，在欢迎会上奏响了中国国歌，也就是抗日救亡歌曲《义勇军进行曲》。结尾是中日两国政府首脑在联合声明上签字，宣布中国和日本正式建立外交关系。这样的切入点，这样的开头和片尾，极富想象力，将历史和现实巧妙地结合、对比，27年前日本人为侵略而来中国，今

天则为和平友好而来。强烈的时空反差和内涵对比，不仅增加了可视性，更是饱含着深深的哲理，令人感慨、深思。

系列节目是电视专题节目中的"重炮手"，编导者应精心选材、精心结构、巧妙切入、化大为小，由小入大，系列节目才会既完整、统一，又灵活、耐看。

本章思考与练习题

试论系列节目的特征及优势。

第 五 章
新闻类电视专题节目

【本章内容提要】

电视深度报道是媒介竞争的产物。其特征表现在：理性思辨，报道立体化，手法多样化。选题偏重于追踪重大新闻、剖析重大成就或问题、论述观念与见解。深度报道必须注重舆论导向，吃透两头，起桥梁沟通作用，歌颂真善美，贬斥假恶丑，掌握好"度"。

电视连续报道一般选取不可预知的事件性新闻为题材，具有时效性、连续性、完整性、递进性、密集性、未知性、客观性、显著性等特征。

电视系列报道一般以可预知的非事件性新闻为题材，表现出针对性和导向性、密集性、完整性、显著性、递进性等特点。

电视连续报道和系列报道均因系统性、整体性而影响较大。

电视新闻评论是新闻节目的灵魂。其特点是评论的形象性和影响的广泛性。可以分为提示性评论、倡导性评论和批评性评论几种。成功的关键是选题和评论水平。

电视作为大众传播媒介，国外有人将其本性定为新闻特性。这一理论的确切与否有待进一步讨论，但它却充分表明新闻在电视节目中举足轻重的地位，像美国的三大广播公司，其竞争主要体现在电视新闻之中。

20世纪90年代以来，我国电视新闻日渐成熟，占据越来越重要的地位。这不仅表现在电视新闻时效更快，每天播出新闻次数大大增加，实施滚动播出，实行直播，做到正负零秒，更体现在一些已经产生广泛影响的具有深度的大型电视新闻栏目的开辟，诸如《东方时空》、《焦点访谈》、《新闻调查》、《实话实说》等。在电视屏幕上，观众不仅可以看到"短、平、快"的消息类新闻，使自己与新闻事件几乎同步。同时，也可以从深度报道中更加详尽地了解事件的前因后果、具体细节，知其然并知其所以然。深度报道是消息新闻的延伸、扩充，二者相辅相成，各自发挥自己的优势，一个快捷、一个精深，构成了电视新闻的五彩斑斓。

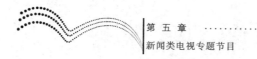

一般认为，电视新闻节目可分为消息类新闻节目、专题类新闻节目、评论类新闻节目。专题类新闻节目又分专题报道、专题调查、专题新闻、专题访问、专题系列节目、新闻杂志节目等，评论类新闻节目包含评论员评论、短评、记者述评、主持人述评、电视论坛等。

但是，只要我们仔细分析一下，就会发现，这种分类严格地承袭了报刊与广播新闻的分类方法。而电视声画合一的传播特性已突破和超越了报刊新闻与广播新闻的声画分离。最明显的，电视新闻评论绝不是报刊与广播中抽象化、概念化的论证、演绎，而是画面事实与说理的高度统一。

我们认为，评论类电视新闻节目与专题类新闻节目的实质都是要展现、揭示事物的内在本质规律，都是深度报道形式。而且，由于电视极强的兼容性，评论与报道密不可分，各种各样的报道形式不仅用于专题节目，也用于评论节目，而主持人或记者评论也是专题节目不可缺少的组成部分。二者互相渗透，不能截然分开，同属于新闻性电视专题节目，这更符合电视特性，也与今日电视节目实践相一致，比如《焦点访谈》、《东方时空》，你可以说是新闻评论节目，也可以说是新闻专题节目。

这样，新闻节目就可以比较简明地分成消息类新闻节目和新闻类电视专题节目。关于后者的共同特点，可分为深度报道、连续报道与系列报道、电视新闻评论分别叙之。

第一节　电视深度报道

一、深度报道是竞争的产物

新闻类电视专题节目一方面具有一般新闻的规律，另一方面又具有"专"的特点，不是简单的新闻消息，事件的陈述与罗列，而必须有一定深度，属于深度报道。

深度报道起源于 20 世纪 40 年代的西方报界，本来是报刊为对抗电子新闻媒介竞争而发展起来的新闻报道模式。第二次世界大战后，报纸昔日独霸天下的地位受到挑战，特别是时效性方面，报纸无法与广播、电视竞争，面临危机。报界认为，报纸只有在充实版面内容、开拓报道深度和广度上发展，才有可能胜过广播电视。于是，深度报道这一形式应运而生。在一段时间内，广播电视以报道快速取胜，报纸以报道的深度取胜，广大新闻工作者似乎也接受这一事实。

随着采录设备的更新，观念的发展，更出于竞争的需要，深度报道被逐渐引进电视新闻中。1968 年，美国哥伦比亚广播公司推出大型杂志型电视新闻节目《60分钟》，以对社会问题作有深度的调查为特点，很快成为全美电视节目中收视率最高的节目。《60分钟》的成功，表明电视新闻不仅可以像报纸一样搞深度报道，而且由于声画结合，更具说服力、更具特色。《60分钟》加速了深度报道的电视新闻专题、专栏节目的繁荣和发展。

西方新闻学概括深度报道"是一种阐明事件因果关系、预测事件发展趋向的报道形式"，它"不仅要说明新闻发生的来龙去脉、前因后果，而且还要分析它的意义，预见事件的发展和影响"（《新闻学简明词典》第172页，浙江人民出版社，1984年版）。这就是说，深度报道既要说明"怎么样"、"是什么"，更要解释"为什么"。"是什么"可以从画面中看到，"为什么"则需要报道者深入挖掘。所以有人会这样说："不必告诉我发生了什么，请告诉我发生的事意味着什么。"

电视新闻深度报道是凭借声画形象，对重大的新闻事件，对有影响的社会问题、社会现象作有背景介绍、有分析解释、有归纳预测等深层次的报道，要追寻事物的本源、开掘事物的内涵、揭示事物的本质。与消息新闻相比，深度报道由于篇幅增加，有较充分时间，可以也必须对新闻事件作横向与纵向的开拓。纵向开拓，可以展示事件的起始、发展经过，让人了解事件全貌，了解事物自身发展规律。横向开拓，可以将某一事物与其他事物相比较，置于普遍联系的大世界中，从而对比分析，找出联系与区别，揭示其独特性。

在我国，电视深度报道也出现在报纸之后。随着影响较大的连续报道、系列报道播出，特别是《观察与思考》、《东方时空》、《焦点访谈》、《实话实说》等固定栏目的开辟，电视新闻深度报道的社会意义已有目共睹，消息类新闻节目也在尽可能的时间范围内力求报道深度。从目前荧屏上多种多样的深度报道节目形态，就可以了解深度报道的重要地位，这些节目形态有电视专题报道、专题调查、电视专访、电视论坛、新闻杂志节目、连续报道与系列报道，等等。

二、深度报道的特征

与消息类新闻相比较，深度报道有非常鲜明的特征，即理性思辨、报道立体化、表现手法丰富多彩。

思辨色彩是深度报道最显著的特征。深度报道必须由表及里，透过现象表现本质，提供给观众可以思考、受到启迪的东西。"深度报道"，顾名思义，决不是一大堆现象的罗列，必须有"深度"。思辨色彩是一个深度报道得以成功的最重要因素，是衡量一个报道是否达到深度报道的根本标准，是深度报道的内容要求。理性思辨体现在报道从思想观念上给人以启示，不是简单介绍典型经验、做法，而是通过典型事例剖析，传播思想，颂扬精神。

《改革在你身边》、《广东行》等深度报道，从具体事实出发，站在全局的角度，颂扬了改革开放的巨大成就，揭示了如何进一步发展的问题，从而阐明了改革开放是历史发展的必然，是国家发展与富强的必由之路。

《焦点访谈》有一期名为"惜哉文化",是对吉林博物馆着火案的报道。记者从事实着手,又不满足于一般事实,先用纪实手法采访了吉林市部分市民及市政府领导,使人民群众对文物被烧毁的痛惜之情与个别领导的麻木不仁形成鲜明的对照,在总体上勾勒出事件的轮廓。但这仅是对事实的叙述,并不能深刻揭示问题的严重性。于是,记者进一步采访了有关文物专家,请他们谈馆藏文物的价值所在,进而揭示了事件所引发的思考,将节目主题加以深化。这样,记者并不是对博物馆失火本身"津津乐道",而是以全面的采访、到位的提问、简洁而有力的资料运用,揭示了火灾后面的道理:官僚主义是火源。同时,引发观众对文化保护的思索。

理性思辨、思想深度是深度报道的灵魂。

深度报道的第二个特征是报道的多侧面、多角度、多层次、立体化。任何事物都是复杂多面的,事物与事物之间的联系更是错综复杂。"横看成岭侧成峰,远近高低各不同。"如果只从一个角度、一个方面看问题,其结果必然是"瞎子摸象",难识"庐山真面目"。立体化报道要求对一个事物作全面的、全方位的考察,既分析它自身的方方面面,又剖析它与周围事物的关联,报道立体化是深度报道思想深刻性的重要保证。

《洋河污染导致大片农田绝收》中,记者先是介绍洋河水污染的情况,进而采访吴连成等四位农民和受污染最严重的八里村村长,把污染的真实情况展现在屏幕上。接下来采访市环保局的负责人,请专家分析污染的根源。然后又将镜头对准污染水源的农药厂,用现场纪实手段再现责任者的推脱辩解,并依据事实指出"很难让人信服"。第二天,记者到市政府去向市长要"说法",但被敷衍搪塞,没有结果。于是,记者在市政府门前向观众如实禀报。从这获得好评的深度报道中,我们可以看到,记者在报道洋河水污染农田这一事件时,报道是立体化的、多侧面的,有污染后洋河水的景象,有受污染影响的农民的诉说,有环保专家的忧虑,也有污染源——农药厂的推卸责任,还有市长等领导的态度,有关洋河水污染的各个方面代表(包括主管部门)都出场了。这样报道,既真实、客观,又全面。

报道立体化,离不开新闻背景材料的运用。电视新闻背景材料是指与新闻事件发生发展相关的环境材料和背景材料。背景材料如果选用得充分而适当,有助于说明新闻事实的内涵、成因、意义及影响,从而深化主题。

1994 年 4 月 23 日,美国前总统尼克松因心脏病发作突然去世。尼克松曾是与中国老一辈领导人毛泽东、周恩来共同努力掀开中美关系史上新一页的人物。对这样一个人物的生平及其政治活动,当晚的《世界报道》中,便有大量背景材料。在 5 分钟的报道中,有尼克松去世的消息、尼克松的生平,特别是他在改善中美关系方面所作的努力。

1994年4月26日，南非历史上首次进行多种族全民大选。当晚及此后，《世界报道》都及时跟踪报道了大选的情况。不仅如此，还特别介绍了相关的背景材料，如4月26日的"新闻背景：南非主要党派介绍"，4月27日的"新闻特写：南非升起第一面新国旗"和"新闻资料：南非临时宪法、新国旗和行政区划"，4月29日的"新闻特写：南非群众踊跃参加大选"。这些背景情况的介绍，烘托了大选的划时代意义。

应当注意的是，尽管背景材料在某些情形下也可以成为新闻性节目的主体，如所谓背景新闻之类，但大多情况中，新闻背景都应处于新闻的从属地位，运用时要精练、简明。

表现手法多样性，是深度报道在形式上的特征。内容决定形式，深度报道内容上多侧面、多角度、全方位，必然要求形式的丰富多样。纵观屏幕上的各类深度报道，我们可以充分感受到电视兼容性特点，即在深度报道中，只要能够真实、客观、准确、完整地揭示主题的表现形式，都可以运用，诸如客观介绍、被访人物述说、主持人采访、资料运用、现场报道、主持人或记者评论，等等。在这当中，主持人形式越来越显示出其优越性，这是由深度报道要求思想深度的特点决定的。主持人形式可以更充分地表达思辨理性，而且便于与观众交流，有"面对面"的效果。

三、选题与舆论导向

深度报道常常给人以启示，引起社会巨大反响，因此，深度报道的选题和舆论导向都至关重要。

就选题而言，应遵循"领导重视、群众关心、普遍存在三点重合"的基本原则，选择广大群众普遍关心的重大新闻事件、重要的社会问题和社会现象，选择广大群众关注的或迫切需要解决的社会热点、难点和焦点。

要么是对重大新闻事件的追踪调查，比如"湖北汉川骗销案"、"千岛湖事件"、"假种子案"等连续追踪报道，以对事实的深入报道为宗旨，立足于重大事件的发生、发展，向纵深延伸，通过对事态的深入采访、深入挖掘，以翔实的材料向观众阐明事件的起因、发展与结果。由浅入深，层层递进，剥笋一样作分析性、解释性报道。

要么是对重大成就、重要经验或问题的综合剖析，比如"质量万里行"、"中华环保世纪行"、"广东行"、"辉煌十五年"等系列报道。这类深度报道围绕某个主题，就相关的多个事实进行分析比较、归纳评述，从而揭示事物本质。

要么是对观念、见解的论述，不以事实的报道为主体，而是借助事实引发思想，通过对众多事物的综合分析，把对事物的认识上升到哲理高度，提出新颖的观点、见解。这类深度报道重在思辨，重观念的阐释和哲理的启示，不重具体事例的始末。比如《迎接挑战》，它直接讨论科技发展对中国现代化的意义，从历史、政治、经济、技术等不同角度提出论证的依据，使人们对这样一个具有重要现实意义的问题进行理性的思考，提出许多有新意的见解，诸如新旧时间观念等。

深度报道在选题上要敢于面对社会热点，敢于正面接触、介入矛盾，勇于回答群众的问题，不能玄而空地"深不见底"、隔靴搔痒。热点问题大都是广大群众关心的问题，它们往往是诸多矛盾的症结点，比如经济增长和物价上涨、改革开放和腐败现象、发展汽车工业与防治污染、理顺交通等。正视矛盾，不回避问题，并积极寻找解决办法，这样就能得到观众的信任，才能树立起权威，造成良好社会效果。1994 年的物价突破了 1993 年的控制计划，这是群众最关心的热点问题。在 1995 年 3 月的人代会上，中央电视台记者直接把这个问题提给了李鹏总理，表现出直面社会热点问题的勇敢。

正因为深度报道选题大多是热点、焦点、难点问题，所以，其舆论导向就十分重要。作为党和人民的喉舌，新闻报道把握舆论导向的根本出发点必须是对党和人民负责，编播的节目要体现党和人民的利益，具备"喉舌意识"。具体来讲，一方面是积极主动地配合党和政府的各项中心工作，宣传报道党的路线方针政策，另一方面是联系人民群众的实际，帮助和促进一些具体问题的解决。比如 1996 年对两会的报道。再比如 1994 年 10 月 23 日《东方时空·焦点时刻》"山楂积压果农心焦"节目播出后，积压的山楂销售一空，并使千千万万农民受到启发，开阔了思路。

对党和人民负责，除了吃透上下两头外，还应注意发挥沟通党、政府与人民群众的桥梁作用。对于广大人民群众来说，电视新闻能有效地起到解疑释惑的作用，这是自上而下的沟通。由于受生活条件和工作环境的限制，一般群众对一些社会问题，特别是生活中的一些阴暗面，看得不够全面、透彻，会积聚不少埋怨和牢骚。1994 年，有一个时期菜价涨幅过高，很多居民不明真相，认为政府对群众生活不管不问，对价格放任自流。1994 年 9 月 28 日，《焦点访谈》播出了"让菜价有个谱"节目，记者采访了上海市的物价部门、菜农、市民、菜场的摊主，分析了菜价上涨原因，报道了市政府为抑制物价所采取的种种措施。它告诉大家，菜价上涨有复杂的原因，政府有关部门并非听之任之，而是密切关注、多方努力。这样，群众对菜价的认识深入了、冷静了、客观了，对政府的怨气也消了，增强了双方的交流、理解和信任。

深度报道的正确舆论导向，还表现在大力赞扬真、善、美的人和事，贬斥、揭露假、丑、恶的东西。"以正确的舆论引导人"，倡导爱国主义、集体主义、革命英雄主义和互助互爱、团结向上、无私奉献的道德风尚，直接引导观众树立正确的人生观、价值观、世界观，形成友爱、文明的人际关系，追求高尚美好的心灵境界。《东方时空·焦点时刻》曾播出节目"平凡见真情"，反映各方救助一位突患重病的老人的事迹，播出后，有观众来信，说极为感动，认为"这是我们生活的主流，好人总是很多的，它给了我们热爱生活的信心、鼓舞和力量"。

宣扬真、善、美的同时，揭露、批判假、丑、恶。《焦点访谈》和《东方时空·焦点时刻》中，《在"三陪"现象的背后》、《中国不容毒品》、《触目惊心假发票》、《京城围剿票贩子》、《辽宁查处一起重大粮食系统贪污案》、《潜伏行动》、《订货还是订"祸"》、《查禁黄色书摊》等一系列节目，站在人民群众的立场上，旗帜鲜明地抨击了社会丑恶现象。

最后，正确舆论导向还要注意报道中度的把握，否则可能"好心得不到好结果"、"未能帮忙，反而添乱"。这要求记者具备较好的政治素质，同时能理智、客观而不是感情用事。中央台曾就克拉玛依大火作了深入采访，做了一期焦点节目，用大量的照片和资料报道了火灾的惨状，令人目不忍睹，预计播出后定会产生轰动。但考虑到节目可能产生的冲击使观众无法忍受，对稳定大局不利，对问题的解决也不利，最终决定不播这个节目。又如，中央电视台新闻评论部的记者曾了解到"上海家用化学品公司北京经营部"将1993年生产的过期的"清妃牌"化妆品换成1995年的包装后继续在市场上销售，记者采用偷拍、隐性采访等，迅速赶制出一期《东方时空·焦点时刻》。片子编成时，记者犹豫了："这个节目一出去，影响小不了，这是起码的，我们一开始策划也正是为了这个目的，这目的很容易达到。但'上海家化'这个国有企业的形象，他们艰难走出来的发展民族工业、发展国家名牌的路会不会一下堵死？况且，前不久，经济节目、新闻节目都就'上海家化'发展民族工业这一义举作过大量报道，北京经营部的这一件小事能是它的主流吗？"于是，记者向自己"开枪"，请求撤回节目，并与"上海家化"总部联系，彻底解决了经营部存在的问题。

四、深度报道的几种形式

前边已经说过，新闻性电视专题节目都有深度报道特点。连续报道和系列报道、电视评论后边再讲，这儿简单谈谈电视专题新闻、电视专题报道、电视专题访问、杂志型电视新闻这几种深度报道形式。

电视专题新闻侧重于对新近发生、发现的重大新闻事实进行充分报道。与消息类多数短新闻相比，它不仅要报道"是什么"、"怎么样"，还要说明"为什么"，因此要求内容较为详尽、完整，能够较为全面地反映某一事件的全貌及其关键场面和典型细节。专题新闻通常是当日或近日重大新闻事件动态报道的延伸、补充和深化，因此较为注重播报的时效。重要会议和重大运动会期间逐日编播的当日新闻专辑，国家领导人出访时及时编播反映出访全过程盛况的专题等，都是常见的专题新闻例子。

电视专题报道是电视新闻深度报道的主要形式之一，与报纸、广播中的通讯相

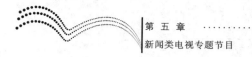

对应。通常是对新近发生、发现的具有典型意义的人物、事件、问题、社会现象等，进行纪录、调查、分析、解释、评述等，深入完整地反映该事物的发生、发展、结果及影响的全过程，揭示主题的深刻意义。专题报道强调新闻依据，用现场拍摄的纪实手法反映新闻事实，不允许搬演、补拍、摆布和组织拍摄，但可综合运用画面形象、同期声现场效果、背景材料以及特技、字幕、图表、动画等视听因素，尽可能调动相宜的表现手法，增强可视性，鲜明、生动、深刻地传达主题。强调针对性、适时性、形象性，也强调现场感和参与感。

电视专题访问是新闻性专题节目中以人物谈话为主要表达方式的一种报道形式，它不同于消息类新闻中常见的人物访问。电视专访中的谈话内容必须构成独立而完整的新闻，而不仅是表现主题的某个部分。常见的电视专访有两大类：一是对某些为广大群众所关注的新闻人物、知名人士进行访问；二是就当前政治、经济、社会生活中为广大群众所关心的热点与疑点问题，访问有关机构的负责人和有关专家。电视专访成败的关键在于选好主题和访问对象两个方面。主题应有重大的现实意义，反映社会生活前进的脉搏，为广大观众普遍关心。采访对象必须是具有"信息源"价值的人物，诸如有关机构领导、专家、知情人、当事人等，他们能为新闻事件提供确凿的事实或权威的见解，以说明事实真相与实质，或澄清观众关心和疑惑的问题。比如人大会议中，记者对总理、副总理的采访；"省长访谈录"对高级干部的采访；"中华学人"对学者名流的采访；《焦点访谈》对加利秘书长、基辛格博士、阿拉法特总统、卡斯特罗主席等的采访……电视专访中，记者的提问是谈话的指向根据，对访问影响较大，访问前应作充分准备。

杂志型电视新闻是电视新闻深度报道的重要节目形态之一，20 世纪 60 年代起源于美国，以《60 分钟》为代表，之后很快被各国电视界吸收并加以发展。它借鉴杂志的编辑方式，利用电视的传播优势和报道、评述手法，按照栏目的宗旨，将几个内容不同、风格各异的新闻节目板块（或称小栏目）串联为一个单元播出，以节目主持人贯串其间。这种节目形态，吸取了专题报道和集纳性动态新闻的优点并克服了二者的缺陷。与专题报道相比，其信息量大、收视面广；与集纳性动态新闻相比，它具有报道深度，融信息、舆论、知识为一体。杂志型新闻节目，整体结构生动活泼、杂而不乱，通过各部分内容与形式的错综变化及主持人的巧妙串联，使节目富有节奏感和较强吸引力。上海电视台的《新闻透视》是我国第一个杂志型新闻节目，于 1987 年 7 月 1 日开播。中央电视台影响很大的《东方时空》也是典型的杂志型新闻节目。

第二节　连续报道与系列报道

连续报道是就一个事件的起因、变化、发展、结果组织跟踪报道或评论陆续播出；系列报道是以一个主题为核心，从不同角度和方面组织多条消息、多篇报道或评论播出。

连续报道和系列报道能克服单篇报道的偶发色彩和势单力薄的不足，能在一定时期内形成强大的宣传声势，既可以反映面的广度，又可以跟踪线的深度，还可以把报道和评论结合起来，多层次多视角地解决一个或一类问题，是电视深度报道的重要节目形态。

一、连续报道的对象和特点

电视连续报道主要是对正在发生并持续发展的某一重要的、众所关注的新闻事件，在一天或一个时期内进行多次、连续、及时的报道，以完整地反映其发生、演变、结局及影响的全过程。

连续报道在国际上被广泛采用，深受欢迎。比如东欧剧变、苏联解体、海湾战争以及伊朗门事件、切尔诺贝利核事故、"挑战者"号失事等都是连续报道。在我国，自 20 世纪 80 年代开始，也较多运用这一形式，广州电视台 1984 年关于广州市民踊跃献血的报道，上海电视台 1988 年关于沪杭列车重大事故的报道，中央电视台关于 1987 年大兴安岭特大森林火灾的报道以及近年湖北汉川骗销案、千岛湖事件、假种子案等，都是较为成功的连续报道典型。

连续报道的题材应是广大观众深切关注的重大事件，一般取材于不可预知的事件性新闻，整个报道大体上与新闻事件相始终。它以新闻事件自身的发展和时间顺序纵向展开，要求电视记者和电视台在事件演变过程中紧密追踪，不断以新的变动为依据进行后续报道，分段分层地将事件发展中有新闻价值的信息及时向公众传播，直到事件终结或告一段落为止，从而构成反映该事件全过程和问题实质的新闻报道整体。

时效性强、报道的连续性与完整性、报道层次的递进性、传播信息量大、社会效果显著、报道的客观性和结果的不可预知性等，是连续报道的特点。

（1）时效性：连续报道中的每一个新闻都是事态的最新动向。它是记者在新闻事件演变过程中，以事态变动为依据，作追踪式报道的结果。随着电子采录设备的使用，连续报道几乎已达到与事件发展同步，比如 1992 年中央电视台对发射"澳星"的连续直播报道。

（2）连续性：这体现在连续性报道的事态发展和各新闻内容的追踪连续。一个

连续报道中的各个单独报道在时间先后顺序、在事态变化发展的承接上紧紧相连，互为依据，形成一个严格按事件发展过程为秩序的有序连续。前面的报道是后面报道的基础，后边报道是前边报道的延伸、发展、继续。

（3）完整性：连续报道从事态产生一直追踪到事态的结束，总体结构有头有尾，反映出新闻事件的全过程。完整性是连续报道产生强大效力的重要条件，各条报道相辅相成，形成一个完整的统一体，使每条报道在大系统中发挥自己的作用。如果是零零散散的，不能形成整体，每条单独报道的意义也就极为有限。

（4）递进性：指连续报道在报道层次上随着事物发生、发展的递进来展现事件的全过程的不断深化。递进性是由新闻事件自身发展的先后顺序、层次性决定的。这犹如接力赛跑，随着选手一棒一棒往下传，新闻事件也在发生、发展、高潮中一层一层地递进。

（5）密集性：连续报道围绕新闻事件的发展，在传递信息上比单条新闻容量大，对事件可以作纵向追踪和横向联系。

（6）未知性：指连续报道因为与事件发展同步，在最后结果出来之前，前边的所有报道都只具有现在进行时意义，而事态的进一步发展是未知的。最典型的例子是 1992 年"澳星"发射，其成功与否是不知道的。正因为连续报道难以预测未来事态，增加了"悬念"，所以，这种形式具有较大吸引力。

（7）客观性：连续报道的未知性决定了其报道的客观性，只有按照事态发展的自然程序，准确、真实地纪录事件进程，才会顺理成章，反映事物规律。

（8）显著性：由于连续报道对同一新闻事件的多次报道，在宣传上必然造成声势，从而产生强烈的社会效果。1988 年 10 月，美国电视新闻连续 20 天报道美国全力抢救三条被冰围困的灰鲸，在全美掀起了一场灰鲸热。当时的总统里根为此发表讲话，表示支持；学生们纷纷捐钱；全国记者赶赴现场采访；美国国务院出头，请苏联出动破冰船抢救灰鲸。对区区三条灰鲸的连续报道，竟把整个西方世界搅得沸沸扬扬，通过这一连续报道，以至于在全球掀起了保护环境、保护野生动物的热潮。由此可见连续报道的巨大影响力。有人说媒介可以"制造"新闻、"制造"热点，决不是危言耸听。

二、系列报道的特征

电视新闻系列报道是在一定时期内围绕同一重大新闻主题或典型事物，从不同角度、不同侧面、不同对象进行连续、多次的报道，强有力地体现、揭示和深化特定的主题思想，宣传重大成就和推广典型经验。

系列报道一般取材于可预知的非事件性新闻，整个报道以新闻主题为依据横向展开，有目的、有计划、有选择地对彼此独立存在却反映相同本质的事物或某个典型事物进行逐一的或分解式的报道，从各方面和各层次反复揭示其必然联系，实现主题，从而构成全面、系统和深入地反映新闻事物内在本质和发展趋势的新闻报道整体。比如《东方时空·东方之子》中的抗战人物系列报道，既有已故的赵登禹、佟麟阁，也有健在的李默庵；既有原国民党的"资源委员会主任"孙越崎，也有八路军的抗战名将吕正操，还有领导花岗暴动的劳工领袖耿谆。这些人物虽然身份不同、贡献不同、现状不同，没有什么外在联系，却都以各自的经历再现了50年前全民抗战的壮阔场面，观众也通过他们全面地认识了抗日战争。抗战这一主题将他们汇集在一起，形成一个系列报道。

针对性、导向性、密集性、完整性、显著性及递进性是系列报道的特征。

（1）针对性和导向性：这是系列报道主题先行的必然结果。系列报道有明确的目的，或是围绕某新闻主题，或是围绕某典型事物。系列报道的选择和组织材料都必须针对这一新闻主题或典型事物，其最终目的是，通过全面的多角度的论证，将主题烘托出来，引导人们认识和接受这一主题。比如《光辉的成就》系列报道，就是围绕新中国成立35年来各条战线上取得的巨大成就这一主题，引导人们热爱新中国，争取更大的成绩。

（2）密集性：系列报道由于是对某一主题或某一典型事物的全方位报道，信息相当丰富，具有集束效果。与连续报道相比较，系列报道更注重横向开拓，极具开放性，可以"旁征博引"，凡是相关的事物都可以报道、"引证"，为主题服务。比如连续几年的《质量万里行》系列报道，将全国各行各业贯彻《产品质量法》的情形一一地展现出来，信息量大，波及面广。

（3）完整性：系列报道要充分地表达一个新闻主题或一个典型事物，就必须做到全面，兼顾事物的各种情形。在完整、周密中证明主题，才能给人以信服感。

（4）显著性：这是就系列报道的效果而言。系列报道的单个报道虽然只是一个个片断，但整体组合形成的大系统却可以产生巨大的优势。这犹如一棵树易折，一片树林就能阻挡肆虐的风沙，产生巨大的力量。同时，系列报道的连续性也加强了强势效果。

（5）递进性：尽管系列报道的单个报道之间彼此独立，没有外在的联系，但一旦纳入系列报道的大系统中，它们之间就不再是没有关系。结构上各个报道可能是并列的，但在内容上，却互相增加"厚度"，以"平行累积"的方式互为"阶梯"，形成递进。这与连续报道在时间先后、内容前后、因果关系的递进相比，是另一种方式的递进：每增加一个方面、一个片断，就更进一步地完善新闻主题或典型事物。

此外，系列报道也有连续性特点。不同于连续报道追踪采访的连续，系列报道的连续性是指播出时间和传播效果的连续。

系列报道在我国电视新闻和宣传中占有重要地位，经常配合党和国家的中心工作和重大活动进行，像《光辉的成就》、《六五成就》、《改革在你身边》、《来自重点工程的报道》、《质量万里行》、《辉煌十五年》、《中华环保世纪行》等，都曾产生较大社会影响。

三、连续报道与系列报道的异同

从上边分析中，我们可以看到连续报道与系列报道之间的差异。

它们之间不同之处，最根本的是目的与题材选择上的差异。连续报道大多是不可预知的事件性新闻，系列报道则是主题先行，是具有意义的某新闻主题或典型事物。二者虽然都是报道形式，但由于题材不同、目的不同，一个是客观、及时地陈述事件经过，一个却是多侧面全方位地阐述主题。这样，连续报道是真正意义上的报道，系列报道的"报道"却带有"论证"意味。

二者目的、题材的不同自然就导致观众接受心理的迥异。连续报道与事件同步，未来处于不可知中，所以容易造成悬念，产生强烈的"求知"心理和期待欲望。人们总是怀着好奇心理等待一个结果。这可以说是连续报道的优势。系列报道没有悬念留给观众，但由于是经过时间沉淀的思索，由于是横向、多方位地"论证"与"联想"，克服了连续报道现在进行时的匆忙与仓促，系列报道可以从从容容地向观众阐述一些思想和观点，较之连续报道更深刻、更全面。

尽管连续报道与系列报道有不少相异的地方，但是，从宏观的角度来看，二者似乎有更多的共同之处。这集中表现在二者都以系统形式出现，在播出上都具有连续性。系统与连续，决定了二者都能产生轰动效应。

连续报道与系列报道是系统理论的典型运用。

系统理论创始人贝塔朗菲认为：系统是"处在一定相互联系中与环境发生关系的各组成部分的整体"。系统有四个因素：各组成要素，环境，结构，功能。要素是系统的基础，结构则直接决定着系统的质、功能。要素只有在整体中，处于一定的结构，才能显示自己的意义。

连续报道显然是一个系统，其中的每一个报道都是系统的要素。系列报道也一样。二者不同之处在于结构方式不一样：连续报道以时间为线索作纵向结构，系列报道以空间、观念为线索作横向结构。在一个系统中，结构比要素更重要，对于复杂事物更是如此，这也是现代社会的重要观念。结构的优劣取决于它与内容的适应程度。连续报道的对未来的不可预知性决定了它以时间为结构方式，系列报道的主题积累性决定了它以空间、横向为结构方式。所以，二者各自的结构方式是适宜的。结构的合理导致功能的较好发挥。

系统理论最重要的观点是：系统大于单个要素，也大于要素之和。连续报道与系列报道能产生巨大影响的重要原因就在于发挥了系统优势。每一个单独的报道都是不完整的、片面的，取出来可能给人以零碎之感，连成整体便有了意义。这让人想起黑格尔的论断：单独一只手不会美，只有当它成为人体的一部分时，才有生命、才美。连续报道和系列报道中的一个个独立报道都发挥自己的作用，"集腋成裘"，汇聚成大的系统，便如同洪流，给观众以强烈冲击。

系统思维、整体思维是记者应该具备的。

此外，连续报道和系列报道都是连续播出。从观众心理的角度分析，观众观看电视的过程，实际上是心理接受外界刺激的过程，是一种高级的神经活动。而高级神经活动具有一种累积的特点。外界刺激作用于大脑，引起神经细胞的兴奋，但这种兴奋很快就处于抑制状态。如果在旧的刺激所引起的神经兴奋消退之前，对大脑施加新的刺激，刺激对大脑的作用就会不断累积，最终强化大脑对客观事物的反映。连续报道和系列报道的连续播出，对观众大脑产生连续的刺激活动，在观众对新闻报道的感受、理解、记忆等方面所起的能动作用，是远非一次性报道能比拟的，所以常常造成巨大反响。

可见，系统整体优势和连续播出的累积效果，是连续报道与系列报道备受关注的关键和共同点。

第三节　电视新闻评论

电视新闻报道注重新近发生的事实的报道，用事实说话。电视新闻评论则借助明晰的观点、精辟的见解，启发观众接受某种倾向性意见，产生一种舆论效果。二者相得益彰，成为电视媒介引导社会舆论的两翼。

一、评论是新闻节目的灵魂

电视新闻评论是电视机构或评论者、评论集体对当前现实生活中具有普遍意义的事件、问题或社会现象明确表示意见和态度，对事态的演变、发展进行分析、评述，是电视机构的政治旗帜和引导社会舆论的重要手段。

前苏联心理学家们曾以实验论证："任何信息的报道，某些事实的描述，如果不加专门的解释和评论，对人们的定式是几乎不可能产生任何影响的。"（肖·纳奇拉什维里著：《宣传心理学》第27页，新华出版社，1987年版）

新闻媒介运用评论引导舆论和运用新闻事实影响舆论是有区别的。一条新闻提供的事实所激起的反响，导致人们可能作出两种判断：事实真相传播出去，人们按照自己对事实的理解形成各种结论，从而形成不同的甚至截然相反的舆论，或是形成同一意见，出现一种相同的舆论。这就说明，新闻媒介仅仅依靠事实报道难以有效地引导社会舆论。一个新闻传播媒体，必须有自己的言论，常常发表有分量、有影响的评论，以鲜明的观点、精辟的见解，形成舆论权威，产生强大影响力。在重大历史关头，新闻媒介的评论会引起人们的强烈的反响；在日常生活中，评论也会把人们的思想引向所指的目标。

新闻评论在电视新闻节目中有举足轻重的作用，其评论水平能体现一个电视台新闻工作的总体水平。

电视新闻评论，可由评论员、主持人直接出面评论，亦可请特邀评论员、节目参与者和观众进行评论。从体裁而言，有评论员评论、电视论坛、电视述评、电视座谈、主持人议论、电视答问等；另外还有播报员播报的本台评论、短评、编后语等。电视台的意见和态度，主要体现在评论员评论和主持人议论中。

我国电视节目的发展历程，20 世纪 80 年代初为电视文艺热，80 年代末为电视纪实热，90 年代则为电视新闻热。随着电视新闻的发展，我国电视新闻评论也迅速崛起，像中央电视台的《东方时空》、《焦点访谈》、《实话实说》，北京电视台的《今日话题》，已在观众中产生了巨大影响，成为高收视率节目。

二、电视评论的特点

与报纸、广播等媒介的评论相比，电视评论有自己的鲜明特色。

电视新闻评论的最大优势在于声音和图像双通道传播，具有可视性。形象化与概括和抽象的对立，决定了电视新闻评论与传统新闻学评论的最大差异。在电视评论中，由于声画合一，评论不同于报纸和广播的纯粹文字语言，抽象的说理、评论变成了形象，即所谓"形象化政论"。视觉形象的介入使电视新闻评论成为一种完全不同于报刊、广播评论的新的评论形式。

荣获 1995 年全国优秀电视评论一等奖的《难圆绿色梦》，全片多次反复出现护林老人在得悉自己当年带头栽植的防护林遭到毁灭性破坏时的痛哭流涕的脸部特写镜头，给观众以强烈的心灵震撼。特别是当老人来到现场，看到当年长得最为粗壮，并且每每引以为自豪的一棵大树也被砍伐时，画面上出现了老人用双手颤抖着抚摸树根以及老人饱经风霜、布满忧郁的脸不时抽搐的情景。这些画面，把老人对绿色树苗的爱惜之情和对砍伐者的痛恨之情作了简洁、酣畅淋漓的传达。观众观看时，首先会对防护林被毁的事实感到触目惊心，然后对老人的精神"感之于心"。在这些形象性事实基础上，电视评论融汇其中，效果自然是强烈的。

报刊、广播在评论中也讲事实依据，但毕竟是隔着一层，必须经过大脑的"翻译"，文字才变成现象。即便如此，"翻译"后的事实也只存在于想象中，缺乏电视评论中的直接可视性，缺乏现场感与交流感，缺乏视觉的强烈冲击力，而视觉的冲击实际上是心灵的冲击，因此，电视评论对观众的影响就大得多。

电视新闻评论除了声画合一具有可视性特征外，其传播的广泛性也远非报刊与广播可比。这一点不用多说。

从功能来看，电视新闻评论可分为提示性评论、倡导性评论、批评性评论等。

提示性评论只是提出问题，指明方向，目的在于提醒人们注意，引导人们思考。

109

提示性评论是电视台鉴于时间因素的制约和从受众收视效果出发，经常采用的一种"短平快"的体裁。这种评论易于掌握和采制，也有利于受众的接受。对于处在萌芽状态和具有多种发展前景的事物，通过提示性评论唤起人们的注意。

倡导性评论以正面论述为主，鲜明地表示赞成什么，提倡什么，支持和扶持它认为应该支持和扶持的事物。这种评论的论述对象和范围极其广泛，凡是符合社会发展趋向，代表时代潮流的事物，都是它取之不尽的论题。倡导性评论的特点是：因事倡导，从具体的评论对象出发，这是倡导性评论说服力的基础。另一个特色是因时倡导，时代和社会的主旋律，是这类评论思想深度的主要依据。

批评性评论通常是揭露、抨击社会上存在的错误、有害的现象，明确指出错误在哪里、危害是什么以及错误和危害的原因。批评性评论的目的是帮助人们正确认识所揭露和所批评的思想行为，促使事物转化。

三、选题要准，评论要精

电视新闻评论成功的关键，一是选题，二是评论水平。

选题必须面向广阔的社会生活，把握时代的脉搏，抓住热点、焦点与难点。

一是选择老百姓共同关注的社会话题。电视是给广大老百姓看的，节目谈论的话题就必须想老百姓所想、急老百姓所急、说老百姓所说，贴近观众，拉近与观众的距离。比如足球比赛，牵引了如此众多的观众如痴如醉。抓住这一现象，北京电视台《今日话题》便做了一期节目《足球热，新文化现象》，通过北京市民对"国安足球队""胜也爱你，败也爱你"的真挚情感，从足球热的现象背后，揭示了民族情绪的高涨、对阳刚之美的崇尚，颂扬一种积极进取、勇于开拓的精神。此外，像物价上涨、公交票价调整、环境污染、文化热与文化滑坡、社会道德进步与倒退……都是大众极为关心并且极有评论价值的话题。

二是选择与改革开放大业有直接关系的社会话题。改革开放关系到国家的繁荣富强，也与老百姓的自身利益休戚相关，在新与旧的交替时期，各种问题、各种矛盾都会暴露出来，有许多新的课题、疑点需要解决。电视评论应勇于面对，善于发掘问题，给予即时的评论，发表独特的见解，给观众以正确的舆论引导。像北京电视台《今日话题》节目《合资，到底谁利用谁》，就尖锐地提出了在改革中对"合资经营"的不同看法，发表了新颖的见解，论据充分，说理透辟，论辩性强，颇得好评。

三是选择典型事例，批评、抨击社会中的不良行为和丑恶现象。我们前边说过，从功能看，电视评论有提示性评论、倡导性评论和批评性评论。作为电视台的舆论武器，除了颂扬真、善、美，还必须对社会中假、丑、恶的东西予以驳斥、抨击，既可以抑制坏人坏事，又可以让人民群众感到正义与真理的力量，从而更好地净化社会。综览我们的电视屏幕，这种电视评论可谓比比皆是，比如《焦点访谈》、《东

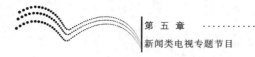

方时空》中对黄色视盘、黄色书摊、票贩子、三陪现象、毒品案、粮食贪污案、假发票案、文物走私案的义正词严的批判、揭露，就充分显示了舆论监督的作用，让广大群众得到鼓舞，同时震慑了假丑恶势力。

真正代表一个电视台新闻工作总体水平的，是电视评论的水平。对题材，各个电视台都可能去关注、抓住社会热点、时代主题。面对相同的题材，如何发表出独特的评价，则是电视台记者综合素质的集中体现。只有富于真知灼见的评论、富于强烈思辨色彩的评论，才会震撼观众的心灵，启迪观众的思考，给人鼓舞，使人警醒，从而才能在观众中树立起自己的权威。

《焦点访谈》与《东方时空》能在观众中享有盛誉，是与其评论水平分不开的。《和平使沙漠变成绿洲》是在 1994 年 10 月约以两国签署有史以来第一个和平协议的背景下播出的。主持人水均益在开场白指出，约以两国半个世纪以来冲突不断，一公里长的约旦河谷到处留有血和泪的痕迹。在昔日硝烟弥漫，如今仍布满地雷的河谷地带，今天再一次响起了隆隆的炮声。接着画面叠上礼炮轰鸣的和平庆祝仪式。这时，主持人请来了两国驻华大使，特意指出两人都跟战争有关，一位曾是战地记者，一位曾是士兵，并分别询问两国大使，在阿拉伯语和希伯来语中，"和平"一词该如何发音。最后，主持人对着镜头评述：在两个民族的语言中，"和平"一词的发音极为相似，这表明他们对待和平的一致追求。沙漠民族的祖先都曾经留下这样的格言：战争使绿洲变沙漠，和平使沙漠变绿洲！主持人最后这一段评论振聋发聩，极具理性思辨，令人深思。

《东方之子·马俊仁》一期中，主持人在采访马俊仁教练时，没有回避"马家军"成员内部矛盾导致个别队员出走的问题。在随后的小板块《面对面》中，主持人从"马家军"风波引出人际关系失和而产生的破坏力这个话题，又从"马家军"谈到辽宁足球队的人际失和，导致昔日"十连冠"今日在甲 A 联赛中降级，又进一步谈到青岛海牛队也有这种现象，接着又扩至社会生活很多角落都存在人际关系失和的现象。像剥竹笋一样，在层层分析这种危害之后，主持人最后点评道，古人有句老话："天时不如地利，地利不如人和。"如果因为人际失和而失去天时、地利的话，那实在太可惜了。整个评论从事实出发，层层累积，广泛联系，并不就事论事、人云亦云，而是把思维扩散开去，抓住问题实质，挖出了具有普遍意义的内涵。这样的电视评论才能有效地调动观众的思考，耐人寻味。

这要求记者、主持人能深入实际采访，在采访中坚持以理性的目光去透视事物，既了解事物本身，又能高屋建瓴地统摄它，从表面现象挖掘本质。一个电视新闻评论员，既需有记者的敏锐，更要有社会学家、思想家的智慧和深刻。我们都惊诧于克朗凯特对越南战争的那一段著名评说和预言，但更应学习他不断丰富自己各方面知识、提高自己思想修养的精神。现在已有不少人提出主持人学者化的建议，对电视新闻评论主持人来说，学者的智慧与权威更为重要，只有智慧和权威的电视评论才能产生反响，达到引导舆论的目的。

本章思考与练习题

    1. 结合深度报道的特征谈谈其优势。

    2. 举例分析电视连续报道与系列报道的特点。

    3. 举例分析电视新闻评论的特征。

    4. 试论电视新闻的舆论导向。

第 六 章
电视专栏节目

【本章内容提要】

电视节目栏目化是电视发展成熟的标志。栏目的优越性表现在：管理有序化，便于与观众交流，可充分发挥电视的多种功能。专栏节目的特征是：固定化，综合性，参与性。栏目定位包括内容、形式、风格的定位。专栏节目的杂志化是栏目化的再发展，是统一与"杂"的相融。我国目前电视专栏节目分为公共型、对象型、服务型三大类。

113

当我们翻开《中国电视报》节目预告版，首先看到的并不是每一个具体的节目内容，而是几乎每天或每周都相同的栏目名称。在这些栏目之后，才是详尽的节目。栏目是纲，节目是目，每一个具体节目在相应的栏目中找到自己的位置和归宿。

节目预告实际上就变成了电视栏目编排，而且，由于栏目的基本固定化，经常看电视的观众不用看电视报也能准确地找到自己想看的节目。

电视栏目化将电视变成了一本流动的书，栏目就是书的目录。

第一节　栏目与专栏节目

综观今日荧屏，可以看出，几乎任何一种电视节目形态都划归到了某一时段的栏目中，电视剧也不例外。专题节目自然是栏目的第一成员。因为栏目本身就带有"专一"性质，大的如新闻栏目、综艺栏目，小者如专题栏目中的青年、儿童、老人、妇女等栏目，无不具有相对"专一"性。如果再大而广之，中央电视台的 15 个频道，何尝又不是 15 个"特大专栏"呢？

专题节目是最具电视特色的节目形态，也是今日电视屏幕上占据最大数量的节目形式，其表现方式是电视专题栏目。

　　电视专栏是电视专题节目编排、播出的一种方式，即"将反映同一内容或同一类型的节目归为一栏，使其有固定的栏目名称、片头和时间长度，并安排在固定的时段内予以播放"（《中国电视专题节目界定分类条目》）。

　　电视栏目化是电视发展到一定时期的必然结果，是电视走向成熟的标志。电视发展的初期，无论我国还是国外，播出的电视节目都只是一些简短的新闻、零碎的文艺节目和大量的电影等，电视台被称作"空中影院"。到了 20 世纪 40 年代末，世界上最早的专栏节目，像《骆驼新闻大篷车》等新闻栏目的出现，才打破了电视播出的原始格局。到 80 年代初，栏目化播出已经进入发达时期，如日本 NHK 电视台，1981 年有 21 个专栏，1982 年就增加到 66 个专栏。在美国，以三大广播电视网为代表的电视专栏节目在六七十年代就较发达，80 年代则进入鼎盛时期。前苏联中央电视台在上世纪 80 年代也开始把电视节目走向栏目化作为它的发展口号，先后开办了新闻、科学与知识、少儿、文艺、体育等七大类的近百个专栏。与电视专栏发展相同步，出现了与电影明星齐名的电视明星主持人，像美国新闻栏目主持人克朗凯特、丹·拉瑟、詹宁斯，法国《健谈》主持人毕柏，日本《彻子的房间》主持人黑柳彻子等。

　　我国电视事业发展较国外晚，"从开播的第一天就有专栏节目，1960 年元旦开始试行的原北京电视台（即今中央电视台）固定节目时间表里就设置了 28 个专栏"（《中国应用电视学》第 358 页）。但是节目却主要是新闻、大块大块电影和电视剧，看似热闹，实际上却缺乏电视的"自我"。我国电视真正进入栏目化阶段，已是 20 世纪 80 年代后的事。1983 年，中央电视台《为您服务》栏目调整节目内容，固定播出时间，由沈力出任专职节目主持人。这时，专栏节目才以它特有的魅力走进了我国电视网，按时播出各种固定的或不固定的（特别）专栏节目，成为全国各主要电视台努力的目标。"1984 年 7 月 30 日，广播电视部委托《电视月刊》编辑部、《电视周报》编辑部和中国电视服务公司联合举办的第二届全国优秀电视专栏节目评选在湖北十堰市揭晓。广东电视台的代表发言宣布该台自办节目 80% 以上全部实行了'栏目化'。"（《中国电视艺术发展史》424～425 页，浙江人民出版社）各大电视台按照"栏目化"要求办节目，改组编播、制作部门，相继推出了许多成功的电视栏目，像上海台的《大世界》、广东台的《开眼界》、太原台的《今晚 30 分钟》、长沙台的《市长与市民》、武汉台的《万国剪影》等。到 1991 年底，中央电视台开办了专栏共 80 多个。此后，"栏目化"发展更快，到 1996 年，由于 8 个频道的开播，中央电视台的专栏已达 320 多个。各省、市台纷纷效仿，形成全国电视栏目热潮，一派欣欣向荣之势。中央电视台的《新闻联播》、《新闻 30 分》、《东方时空》、《焦点访谈》、《新闻调查》、《为您服务》、《每周质量报告》、《正大综艺》、《同一首歌》、《人民子弟兵》、《神州风采》（已改为《九州风韵》）、《夕阳红》、

《人与自然》、《七巧板》、《半边天》……已在全国观众中产生了很大影响。

电视节目走向栏目化是一个电视台成熟的表现，是电视发展的必然。专栏节目定时播放，每天、每周按时出现在屏幕上，必须有较强的节目制作力量才能做到。在早期，由于技术设备的简陋，采、录节目不方便，所以多播放电影或者现场转播舞台演出实况。只有在电子采录设备相当发达的今天，大多数电视台实行节目栏目化才成为可能。而且，也只有物质条件较好、财力充足、人员配置充分、有较强自办节目能力的大一些的电视台才可能完全地节目栏目化。

首先，节目栏目化是电视台播出节目有序化管理的需要。

电视台节目的播出与报纸、书刊不同，后者可以将所有内容同时展现在纸张上，在空间上有限，在时间上是无限的，可以随便读者怎么看，无顺序限定，无时间限定。电视节目却是以秒钟计算，像流水一样滔滔不绝地播出，它必须按照一定的时间流程和顺序编排。关于节目编排，日本人藤竹晓说得比较准确，他认为，从广义上讲，编排是指"广播电视机构在自己主体的立场上，对作为广播电视机构最后的产品——节目的各种条件予以选择和决定的一切活动"；从狭义上讲，是指"决定具体的各种节目条数、播送时间、播送顺序和播送的结构等"（藤竹晓著：《电视的冲击》，北京广播学院出版社）。电视是时间切割和组合的艺术。电视节目编排就是将每天、每周的屏幕时间分割成块，交付给一个个栏目，制成统一的节目时间表，然后按表播出。电视节目栏目化使整个电视台节目编排、播出趋向于合理、规范、有序，是电视节目管理走上现代化的重要标志。

其次，电视节目栏目化是电视台密切与观众联系、观众积极参与节目、加强双向交流的需要。

现代接受美学、传播学理论都认识到，一切传播，其效果必须在受众身上体现，只有从观众的反馈中，才能确定传播的目的是否达到。单一的不考虑对象的传播模式正被淘汰，新的面对面双向交流的传播模式被确认。电视被认为是最具双向交流优势的大众传媒。在西方的一次调查中，问一小孩为什么喜欢电视而不喜欢电影，他说电影里的人只顾他们自己说话，而电视里的人却对着他说话。面对面交流有一种极大的信任感、尊重感，而且在交流中能激发双方的思想、兴趣。电视尽管具备面对面交流条件，但也长期处于传统的单向传播，到节目栏目化之后，人们才找到了双向交流的最佳手段。栏目化后，观众可以直接参加到节目的进行中来，参与镜头、话筒前的活动；可以直接与主持人面对面、近距离交谈，畅所欲言；可以任意选择自己喜欢的栏目，对其他不感兴趣的栏目则可回避，直到自己想看的节目出现。特别是对象性栏目与公共服务性栏目的发展，使得节目不仅可以做到"雅俗共赏"，也能"雅俗分赏"，从而最大范围地赢得观众。

此外，电视栏目化有利于充分发挥电视的多种功能。电视具有认识、教育、审美三大功能，但是要求每一个节目都三者齐备，是不现实的。节目栏目化后，各专栏节目分工明确，针对性强，题材广泛，内容丰富，短小精悍，形式自由，能及时地反映生活或传递信息、传播知识、提供娱乐和服务，或兼而有之，各司其职，各显其能，使电视的多种功能得到全面发挥。

当然，栏目化还有许多别的优势，诸如有利于电视台办出自己的特色、有利于电视屏幕建设，等等。总之，电视专栏虽然借鉴于广播、报刊，但一旦拿过来之后，就丰富起来，使之成为自己的特色。

第二节　专栏节目的特征

专栏节目既然已是一种普遍的电视节目类型，它必然有自己独具的特征，那就是固定化与综合性及参与性。

固定化是栏目最基本的特性，也是其最直观的特征。它要求有固定的栏目名称、固定的播出时间、固定的片头、固定的节目长度、固定或相对固定的节目主持人等，便于受众定期、定时收看。

栏目名称犹如一个人的姓名，一经推出不能随意更改，像《新闻联播》、《人民子弟兵》、《东方时空》，等等，多年固定不变。名称固定是基本的，它仿佛给一个栏目定性，是一个栏目的标签，栏目名称是栏目内容的符号概称。只有性质稳定，这个事物才稳定。固定的栏目名称还可以起到广告作用，天长日久，日积月累，名称会深深地印在观众心里，一听某栏目名称便联系到其表现内容。如果经常更换栏目名称，不仅在心理上给观众以不稳定的感觉，而且不能给观众留下确切印象，仿佛匆匆过客，模糊不清。

固定的播出时间和固定的节目长度是栏目得以实施的保证。所谓专栏节目，它必定是编排在某一个特定的时段里，并以准确的时间播出。比如《新闻联播》栏目每晚7点准时开播，《焦点访谈》每晚19:38固定时间准时播出，一方面是整个电视台统筹安排节目的要求，另一方面也方便观众，使他们不至于错过自己喜欢的节目。这种播出的准时性已具有社会集体意义，已在广大观众脑海里形成了一个明确的概念，所以，电影和电视剧中出现以《新闻联播》为背景的场景时，人们自然而然就会明白其中的时间含义。要做到节目准时播出，各栏目中节目的长度就必须固定，不能一个栏目内的节目各期之间长短不一。节目长度固定是节目得以按时播出的保证。比如，《焦点访谈》每期13分钟，《半边天》每期45分钟，《第二起跑线》每期50分钟，《人与自然》每期30分钟，等等。节目长度的规范化是实行节目栏目化与正点播出的重要前提。从节目安排表中，我们可以看出，对各种栏目、节目

的长度都作了非常具体的规定，要求以秒为单位。播出中，可以负 5 秒，但必须是正 0 秒。现场直播节目可以负 5 分，但不能超时。在电视台总编室，不管是谁的节目，只要超时，都坚决卡尾巴，节目必须零秒播出。

我们说固定的名称犹如人的姓名，固定的片头则是栏目的脸面。要想让观众认识并记住，总不能三天两头变面孔，弄得面目全非，观众熟悉都来不及，喜欢又从何谈起呢？固定的片头及片尾是栏目重要特征之一，大凡字体、图案、音乐徽记等都应该固定。

主持人与固定栏目相伴而生，相辅相成，栏目因主持人而具有人格意义，主持人在栏目中展示自己的魅力，栏目必须有固定或相对固定的主持人。"主持人"一词英文为 host，乃家庭主人之意，即是说，一个栏目好似一个家庭，观众好似客人，主持人好似家庭主人。这种情况下当然是固定主持人为好。"客人"去拜访"主人"，如果发现"主人"成了生面孔，那么，"客人"与新"主人"之间终究缺乏一种亲切感，新的关系的建立尚需要一个过程，不利于双方马上进入一种很亲近的交流状态。而一个固定的节目主持人，则利于与观众沟通，甚至以往节目还能成为大家交流中共同的熟悉话题。

电视栏目固定化特征还表现在一个栏目的节目内容、类型在性质上比较稳定，不会有大的变化。例如《人民子弟兵》、《军事天地》必定是军人节目，《七巧板》是少儿节目，《夕阳红》是老人节目，《经济半小时》是经济节目，《体育大世界》是体育节目，等等。这是在一个栏目定位时必须首先指示明确的。

电视栏目除了固定化这一特征外，还有一个显著特征，即栏目的综合性，也称复合性。这种综合性体现在栏目的节目具体内容与表现形式上。

一个栏目的节目内容从宏观上、性质上来看是固定的、统一的，如《经济半小时》一定是经济节目。但到每一期节目的具体内容，则可以是复合性的，可以是文艺性节目的综合，如中央电视台的《曲苑杂坛》；也可以是新闻性、知识性节目的综合，如山西电视台的《电视桥》；也可以兼有新闻、知识、教育、文艺、服务等多方面的内容，如中央电视台曾有的《九州方圆》和现有的《东方时空》、《焦点访谈》等。从一个节目的表现形式来看，是丰富多样的，可以是报道式，可以是纪录片，可以是专题片，可以是访问式或讲话式，也可以是上述各种形式交错使用，灵活多样，并无定法，像《东方时空》、《焦点访谈》等都是表现形式极具综合性的。社会生活复杂多样，单以某一方面、某一角度或仅用某一种方式都不能较全面地反映，必须全方位、多层次地表现，这是栏目综合性的立足点，即生活内容本身的要求。同时，栏目节目的综合性也可以充分发挥栏目优势，使栏目显得内容丰富、结构多样、形式灵活。

电视传媒的兼容性就体现在栏目类节目的综合性特征上。

电视专栏节目的第三个特征是观众高度参与。

"电视节目实现栏目化，实际上是通过各种栏目的编排及每个栏目中的节目构成、顺序安排，来组织观众收视。观众与电视广播机构的联系交流，也因为有了'专栏'作为具体的对象而更加方便和直接。"（任远：《中国应用电视学》第11章）

如果说节目固定化与综合性是专栏节目偏重于电视台节目制作、播出方面的特征，那么，观众高度参与则是电视台与受众关系方面的特征。与其他电视节目形态相比，专栏节目最具备观众色彩。专栏节目是一种极为开放的节目形态，不仅表现在其内容的现实性、日常性、亲切性，更表现在观众直接走进镜头、走进演播室等，许多节目是在观众直接参与下才完成的，观众不仅仅是一个接受者，而且是节目不可缺少的一个组成部分。此外，观众的反馈信息还影响、制约着节目内容与形式的选择。观众的这种"深度参与"，在电视专栏节目中体现得最充分。

第三节　专栏节目的定位

电视专栏的定位是采编人员对播出节目的思想内容、性质、功能、受众范围、文化品位、地方特色与结构形态、表达方式等等方面的划定，也即是对该栏目设置的目的、意义、内容、形式等作出的要求。

栏目定位是一个栏目开设的出发点和立足点，它从根本上决定了一个栏目的方向，对栏目的具体节目有规范和指导的意义。

犹如人需要认清楚自己在社会中的位置一样，栏目定位实际上也是栏目寻找自己在众多栏目中的坐标，找准了便能"得其所"，找得不准就会处于"尴尬"的境地，最终被挤得失去生存空间。

栏目定位集中表现在内容与形式两方面。

栏目的内容定位包括比较广泛，主要指栏目的主旨、性质、内容、功能、受众范围、文化品位、民族与地方特色等。

栏目的宗旨、性质、功能是根本性的，这是解决设置一个栏目的目的与意义问题。一个栏目的设置总不能凭空臆造，毫无根据，总有它的目的。像《东方时空》的设置，就是为了填补中央电视台早间节目的空白，为了架起一座党和政府与广大群众之间沟通的桥梁。再具体一点，《东方之子》通过人物专访以"浓缩人生精华"，《音乐电视》通过介绍优秀民歌、内地创作的新歌、乐坛新人以"高歌民族曲，激荡中国魂"，《生活空间》走进广大群众的生活而"讲述老百姓自己的故事"，《焦点时刻》通过对上下普遍关注的国内外热点问题进行聚焦报道而达到"时代写真，社会纪实"的目的。《东方时空》的定位是鲜明的。各栏目风格各异，各有侧

重，构成一个立体的较全面的"时空报道"。中央电视台另一个名牌栏目《人与自然》的宗旨是：给观众以美的艺术享受，同时也潜移默化地影响观众，增强环保意识，热爱大自然，保护大自然，合理地利用大自然。下辖子栏目：《绿色视野》涉及环境保护和发展问题，《我和我的朋友》是人与自然交往中产生的许多特定情感和感人故事，《奥秘百科》是探索大自然、认识大自然的窗口，《生物圈》则展示丰富多彩、千姿百态的动物、植物以及微生物。

受众范围是一个栏目的观众覆盖面。电视是大众传媒，传播内容必须有的放矢，如果漫无目的，就不可能收到良好的传播效果，栏目的设置也就没有意义。关注受众是栏目很重要的特征。因此一个栏目在开创之初，就必须明确自己的服务对象。大体来看，目前电视屏幕上的栏目，绝大多数是公共性栏目，也就是说，多数栏目的观众并不限定在某一特定范围之内。诸如社会性节目《东方时空》、《焦点访谈》，经济性节目《经济半小时》、《经济广角》，文化节目《文化园林》、《文化长廊》，体育节目《体育大世界》、《体育大观》，以及科技节目、卫生节目等。公共性节目并不意味着无对象性。相反，由于其对象是整个社会，包含了不同职业、不同年龄、不同文化层次等多种因素，所以这一类栏目更需要加强节目的观众意识，使节目多层次、丰富多彩，达到雅俗共赏。公共性节目要使不同观众普遍接受很不容易，而一旦做到，则会带来极大成功。

随着社会进步、科技发展，频道越来越专业化，栏目的对象性也越来越强，电视上专门为某一特定观众群服务的对象性栏目逐渐增多。社会是多方面的，观众更是多层次的，众口难调历来就是文化艺术遇到的难题。这不仅仅由于观众审美趣味、文化层次、思想修养的不同而有"雅"与"俗"之分，而且，由于年龄、职业、性别、民族等的差异，观众在观看节目时便存在着"先天"的不同心理需要。所谓"物以类聚，人以群分"。老年朋友自然对《夕阳红》栏目最感到亲切，《夕阳红》的栏目宗旨是："热诚为老年人服务，做老年人的知心朋友，在轻松愉快的气氛中，为老年人提供所需要的各类信息、知识和服务，沟通老人与社会、家庭的关系，每天为老年人提供 25 分钟温馨、快乐的时光。"青年人在《12 演播室》找到自己的家园，少年儿童在《七巧板》，妇女在《半边天》，军人在《人民子弟兵》，残疾人在《银手杖》……各有属于自己的天地。在这种高度对象性栏目中，观众找到与自己有相同年龄、相同性别等共同特征的观众群，看到专为自己制作的节目，亲切感、交流感很强，可以不受别人干扰地独享他们自己的"美餐"。

文化品位是一个栏目根据自己的宗旨、观众群等因素对栏目内容文化程度的定位。电视是大众传播，其节目的文化内涵有深有浅，或高雅或通俗，或二者之间。由于其根本上的大众性，而大众普遍的文化素质并不高，所以文化品位不宜过分"阳春白雪"，应以大众化为主体。这一点也是当今电视屏幕的现状。但是，作为大

119

众传媒的电视毕竟还有教育功能、认识功能、提高观众审美水平的功能，故大众化不能是庸俗化、粗俗化，必须担负提高观众文化素质的职责。所以，一定的文化品位是必不可少的。中央电视台《环球45′》是一档以介绍外国的地理、历史、风土人情、文化艺术、经济科技等为主要内容的、知识性的、杂志性的大板块节目，其定位中有四条：外国——非中国的，知识性的——非文艺或新闻的，高文化品位的——非低级庸俗的，活泼的杂志型的——非古板的单一型的。由于内容与主旨的规定，《环球45′》的文化品位定成是高品位的。另外，像中央电视台曾经的《倪萍访谈录》则直接打出"文化视点"标题，其主要目的就是要提高电视的文化品位。中央电视台的栏目《读书》也是为着这一方向努力的结果。

当然，我们已说过，文化品位必须根据栏目的性质、内容、受众来确定，既不能都浅而白，也不能都去深奥、玄妙，否则，要么就"没有文化"，要么就"高处不胜寒"、"月朗星稀"。

一个栏目的内容定位除了上述几点外，还应注意民族特色、地方特色。中央台应有中国特色，各省、市地方台则需要办出地方特色。这是由于不同地域、不同民族在政治、经济、传统文化背景方面的差异引起的审美心理的不同。像广州台的《顺意坊》、《万紫千红》，上海台的《大舞台》，武汉台的《武汉掠影》等，就分别充满了浓郁而独特的粤味、沪味和汉味。这种具有鲜明地方特色的节目共振于社会的脉搏，使特定社会与电视融为一体，不可分离。

以上是电视栏目的内容定位。在形式方面，栏目定位主要表现在节目的结构形态、表达方式以及时段选择等。

今日电视屏幕上栏目多以板块杂志型为结构形态（后面将详述），它从印刷物及广播、电影的"杂志"类型借鉴而来，并且兼容了上述几种"杂志"的性质和结构方式。杂志型、板块型结构内容丰富多样、形式灵活，可以充分发挥栏目优势。栏目的板块化、杂志化是大的趋势，像《东方时空》由《东方之子》、《音乐电视》、《生活空间》、《焦点时刻》四个板块组成，《环球45′》开设了《地球探秘》、《人海萍踪》、《好望角》、《音乐厅》、《红舞鞋》、《金唱盘》、《国际传真》、《信不信由你》、《家庭滑稽录像》、《我怎么没想到》等十几个小板块。栏目在进行板块、杂志型结构定位时，必须注意各板块之间的有机联系。

内容决定形式。栏目形式必须为内容服务，必须与内容相适应。结构形态如此，表达方式也不例外。栏目的节目表达方式多种多样，可以是一个个短小精致的纪录片，可以是专题报道，可以是人物访谈，可以是对话形式，可以先期做好，也可以是现场播出，使观众成为节目的一部分；可以节奏激烈，可以舒缓。《东方时空》几个板块则综合运用多种方式，《东方之子》是人物专访，采用主持人与被访人物的双向交流形式；《音乐电视》采用介绍方式；《生活空间》好似一个个短小的纪录

片，强调纪实性；《焦点时刻》则是话题专栏，有现场报道，强调深度报道，更要求主持人独到的评析；《夕阳红》节奏缓慢；《七巧板》则活泼而明快。

确定时段是栏目定位的重要内容，它涉及不少因素。首先是整个电视台栏目设置的综合考虑，必须为整体服务，考虑相邻栏目之间的关系、衔接等。其次，要根据栏目自身内容、受众来确定播放时间，比如少儿节目不能太晚，过分对象化节目不宜占用黄金时段，老人节目安排在家人都去上班时的白天，等等。时段选择还应考虑到不同电视台相同类型栏目在播放时间上互相错开，以免产生"撞车"。

栏目定位是栏目开设的基础，必须做到准确、鲜明、新颖，有自己的特色。一个新栏目的出现，好像向社会公众隆重推出一位"新星"，要想让观众一下子记住并留下良好印象，这个"新星"应该是棱角分明、有独特的个性，否则千篇一律、千人一面，其命运当然就只能是白驹过隙、"泯然众人矣"。

还须指出的是，栏目一旦定好位之后，不应随意变换。否则显得立足不稳、缺乏信心。时间可以将栏目形象树立起来。但是，不轻易变换并不意味着永远不变、丝毫不变。时代、社会、生活一刻不停地发展着，作为现实的反映，栏目也会发展、丰富、完善。不断调整自己的定位以适应新局面，以纠正以往的不足，是应该而且必须的。1996 年 1 月 20 日，中央电视台新闻评论部在北京展览馆举办了"《东方时空》1000 期观众日"活动，以这种特殊的方式回顾过去，与观众交流，听取各方面的意见。从 1996 年 1 月 27 日 1001 期开始，《东方时空》做了新的调整、改版，将《音乐电视》割爱，增加了主持人的言论小栏目《面对面》，同时将《焦点时刻》改名为《时空报道》，并侧重于社会新闻，以在名字和内容上区别于《焦点访谈》。新版《东方时空》不再设小栏目主持人，而设一名总主持人，更注重栏目的整体策划和协调，注重节目制作的精致和后期包装的新颖效果，使节目更流畅。

定位的调整是为了更加丰富、完善。

第四节　专栏节目的杂志化

栏目杂志化是电视屏幕上继栏目化之后的又一趋势。当今的节目，其结构形态大多采用杂志型。杂志化的另一名称是板块化，但板块化只说到节目的形式构成——虽然也是栏目杂志化的最主要特征，所以杂志化更贴切、合理，除了结构的板块式，它还包括了内容的多面性与综合性。

电视栏目杂志化直接借鉴了报刊、广播、电影的"杂志"类型，并且兼容了它们的性质和结构方式。成都电视台曾有一个栏目干脆直接就叫做《青春杂志》，不知道的人还会以为是本书刊杂志。北京电视台的《相识伊甸园》片头就是一本翻开的杂志扉页和目录，目录由一个个子栏目构成。

关于"电视杂志"，湖北辞书出版社出版的《电视辞典》这样定义："杂志式专栏节目，将不同的内容和形式的节目编排在一起的专栏节目。类似定期出版的文章刊物——杂志而得名，集新闻性、知识性、文艺性等各种节目之锦，内容丰富多彩，结构灵活自由，形式多样活泼。"

另有人这样界定"杂志式"专栏节目："所谓杂志式，是借用文字刊物的名称的'杂'，是不纯、混合的意思。《国语·郑语》中谈到：'以土与金木水火杂，以成百物'。'志'即'誌'，是指记事的书或文章。……可这样解释：把不纯粹的内容和形式编在一起的刊物称'杂志'。电视专栏节目中的杂志片，实际上是一种借用语，就是指该片里有叙述，有议论，有抒情，有哲理，有人称变化，有场景更换，有知识的介绍，有背景的交代，报道、讲话、访问等各种形式交错使用，内容丰富多彩，结构灵活自由。这种形式，在中央电视台举办的《观察与思考》、《为您服务》等节目中常有所见。"（壮春雨：《中国电视概述》）

上述两种解释比较概括、完整，特别是抓住了电视杂志的主要特点：内容丰富，结构灵活，形式多样。但是，其中有值得探讨的地方，"不纯粹的内容"提法有些欠妥，后边我们将谈到这一点。

电视杂志，栏目杂志化，既称"杂志"，其特征当然就是"杂"，就是多样，包括内容、结构、形式各方面的五彩缤纷。这是电视所具"兼容性"的体现。栏目内容与形式丰富多彩，必将产生强有力的传播效果，能充分展示电视传媒的优势。马歇尔·麦克卢汉在其代表著作《了解传播媒介》一书中曾说："在两种传播媒介之间的兼用把我们投入两种形式的交界处，使我们从水仙少年式的沉醉中苏醒过来。传播媒介会合的时刻是一个自由的时刻，使我们从迷睡和知觉麻木中解救出来。"简而言之，媒介的交叉和混合、形式的多样、内容的丰富能够碰撞、产生、释放出"新的巨大能量"，新的意义、新的形式由此产生，从而给观众以新的心理与思想震撼。所以，古代民间文学与宫廷文学、汉族文化与异域文化、东方文化与西方文化交织、碰撞之后往往意味着新的文化、新的时代的诞生。这也就是电视杂志、栏目杂志化"杂"的魅力。

但是，栏目杂志化的"杂"并非"不纯粹"，并非杂乱无章。相反，"杂"的目的是为了使栏目内容与形式更鲜明、突出。最明显的，栏目杂志化后，由于编排上板块化，所以其内容与结构都更加清晰、明白。栏目杂志化必须把握住这样一条原则："杂"是"杂而不乱"、"杂而有序"。一个栏目在开设之初，就已有了内容、性质、形式的定位，这是专栏之所以成立的起点。栏目定位就已经规范了该栏目的主旨、内容与主要形式。如果脱离这一点，一味没有分寸地"杂"，专栏也就名不符实、名存实亡。特别是内容上，一个专栏杂志化时绝不能去追求"包罗万象"、

"包打天下"，否则成了大杂烩。

1987年1月，中央电视台开办《九州方圆》，把原来《为您服务》、《人物述林》、《祖国各地》、《兄弟民族》和《电视纪录片》等七个专栏节目合并为一个大型杂志节目，并采用了综合节目主持人与各个小专栏的主持人来串联的"大板块"结构形式。结果，这一组合的尝试失败了，收视率下降，只好重新恢复以前面貌。这一尝试未能成功原因固然很多，但是，贪大求全，以为栏目杂志化就是包罗万象，从而将内容上相去十万八千里的栏目掺杂在一起则是主要原因。

专栏与专栏相比，各自是比较"纯粹的"。专栏杂志化就必须是在专栏基础上来"杂志化"。具体而言，专栏杂志化是在宗旨定位之后的拓展与开放，但不能离开其定位、主旨。像书刊杂志一样，《青年一代》不会将老人的事也大量编排进来，《小说月报》也不会对诗歌、散文大献殷勤，社科杂志、文艺杂志更不会对自然科学知识津津乐道。

一句话，栏目杂志化是统一与"杂"的和谐相融。从某种意义来说，杂志化主要是体现为编排的更加简练、合理、有序。杂志各子栏目之间，形式上可以千姿百态，内容上却必须完整统一，有内在的必然联系。综艺节目可谓"杂"矣，新闻、文艺、知识、纪实、游戏，等等，五彩纷呈，但它们的"串冰糖葫芦"形式也得有一条线来贯穿，何况专题栏目呢？

《东方时空》的改版或许从正面给了我们启示。《音乐电视》虽然充满青春气息、充满活力，但放在《东方之子》、《生活空间》与《焦点时刻》之间，总让人觉得有些"跳"，有点不伦不类，难以融成一个整体。事实上，《东方时空》在观众心中能树立起来，恐怕也主要得力于《东方之子》、《生活空间》和《焦点时刻》。《音乐电视》显得有些"沉默"，人们并没有过多地注意到它。改版后，以评论板块《面对面》代替《音乐电视》，整个杂志就和谐、统一了，四个板块浑然一体。

杂志化之所以能被电视栏目采用，关键之点在于栏目杂志化后，在保证栏目性质、内容主体不变情况下，可以将栏目内容进一步开拓、挖掘，全方位、多层次地反映同一件事、同一个主题；形式与结构更趋合理、清晰。

中央电视台曾经创办的一个栏目《万家灯火》就是一个较具新意的电视杂志式栏目。《万家灯火》是一个面对不同年龄段、不同职业和不同文化素养的观众的综合性杂志栏目，要在中央台一套黄金时段站住脚跟，并与选题上相近的《东方时空》板块《生活空间》、经济部新栏目《生活》相竞争，实属不易。《万家灯火》终于获得好评，与它能准确定位、找到别具一格的切入点、充分发挥杂志化优势是分不开的。

《万家灯火》以普通百姓家庭日常生活为立足点，然后辐射与千家万户有着千丝万缕联系的社会、人生等方面的本质现象，其定位准确、鲜明。下辖《体验》、

《家》、《往事》、《生活现在时》与《点点滴滴》五个子栏目，构成板块、杂志式。这五个子栏目内容上各不相同，但都以一个"家"为核心而紧密联系在一起，并非杂乱无章或风马牛不相及。《家》将纪实镜头伸进寻常百姓家内部，挖掘出许许多多真实曲折、美丽动人的人间悲喜剧。《体验》通过角色互换、角色体验，使观众看到更多的家庭成员社会生存的另一面——在供职岗位上的生活形态。《往事》从时间的纵向上透视人生、历史与现实，家庭与事业、人生与时代找到了交融汇合点。《生活现在时》透过与家庭有着千丝万缕联系的社会现象，引发观众进行视听形象化的现实理性思考、时代宏观把握与人生哲理的回味。小栏目《点点滴滴》则介绍生活小常识，使《万家灯火》更具备一个家庭栏目的温馨而又实用的认知生活科学的视角。

综上所述可知，《万家灯火》五个板块虽然各自独立、各具特色，但它们都紧紧以家庭为聚焦点，折射出社会与人生有机联系的五个方面内容，多元互补，全方位、立体地表现了家庭、社会与人生的方方面面。

内容丰富而统一，形式上也灵活多样，且颇为新颖。《体验》的角色互换，借助戏剧的假定性，令人耳目一新。《往事》栏目中，现实访谈和历史资料声像交织，景物和心灵虚实融合，声画剪辑时而对位、时而分立，人物夹叙夹议，等等，构成了叙事结构的多元交织。《家》则像一个个微型纪录片，纪录着一段段饶有情趣的、感人至深的日常悲欢场景。《生活现在时》、《点点滴滴》也各具特色。这样，五个板块在形式表现上各有创造，灵活多样，使得《万家灯火》整个栏目活泼、开放、摇曳多姿。

总之，栏目杂志化在内容上"杂"又"不杂"，结构、形式上灵活自由。

第五节　专栏节目的分类

任何事物的分类都必然涉及分类标准，标准不同，分类结果必定有异。关于专栏节目的分类也一样，标准较多。有以栏目内容划分的，分为社会教育专栏、新闻专栏、体育运动专栏、文艺专栏以及服务专栏；有以栏目的节目形式划分的，则分为电视纪录片型、电视谈话型、科教片型、竞赛型，等等。

我们认为，《中国电视专题节目界定》一书以栏目受众与节目内容相结合的划分标准比较准确、简洁、明了，也非常适合当前电视屏幕的实际，并且与电视专栏节目的观众高度参与特征相一致。按照这种标准，栏目类节目可分成对象型节目、公共型节目和服务型节目。下边简述其中的代表类型。

一、公共型

"公共型节目是指面向广大电视观众播出的栏目类专题节目。与对象型相对而言，公共型节目无特定对象，面向全社会，其选题也多为电视观众普遍关心的题材，栏目类中的多数节目属于此种类型的节目形态。"（《中国电视专题节目界定分类条目》）中央电视台的《东方时空》、《焦点访谈》、《为您服务》、《经济半小时》等就是比较典型的公共型专题栏目。公共型专栏主要有社会性节目、经济节目、文化节目、体育节目、科技节目及卫生节目等。

社会性节目以中央电视台的《焦点访谈》、《社会经纬》等栏目为代表。这类节目内容涵盖面广，反映各个领域里发生的重大的或有典型意义的事件和现象，以及在人们现实生活中所发生的并对社会产生一定影响的行为和事件，大都是社会热门话题和人们关注的焦点。这类节目具有较强的纪实性、政论性和一定的思想倾向，并对被报道的人物、事件、现象作出一定深度的分析、探讨，对公众舆论、社会时尚和人们的行为方式起着一定的导向作用。基本报道手法是采访、摄影，表现形式多样，可以是专访、座谈讨论、社会调查、追踪报道等。社会性节目观众面大，较为容易受到观众的普遍关注，容易产生轰动效应。

经济节目是我国改革开放深入到一定程度的结果。1984 年，中央电视台开办了全国第一个经济节目《经济生活》。今天，各省、市电视台都成立了专门制作经济节目的部门。中央电视台的《经济半小时》、《经济世界》、《经济广角》等有较大影响。经济节目主要是报道国内外经济问题，分析经济现象，阐释经济政策，普及经济知识，提供经济信息。

文化节目指专门对文化方面的现象、事件和问题进行报道和探讨的节目，包括介绍各类文化艺术人物、介绍和欣赏文学艺术作品、报道与组织各类文化活动、探讨各种文化现象与事件等。中央台的《文化园林》、《文化长廊》就是这类节目。

体育节目是公共型节目中较为观众喜闻乐见的节目之一，比如《体育大世界》、《体育大观》、《体坛巡礼》、《体坛大观》等。体育节目以报道国内外各项体育竞赛为主体，另外还包括介绍体育人物、提供比赛背景资料、进行体育评论等。除固定栏目外，遇到奥运会、亚运会及全运会时，还安排临时性栏目。

科技节目主要传播科学知识、介绍科技成果，如中央电视台的《科技时代》。卫生节目传播卫生知识，以中央电视台的《卫生与健康》最为著名，它以介绍常见病和多发病的防治、生理知识、计划生育、妇幼保健、饮食卫生、老年保健、国内外医药学新成就为主要内容。

二、对象型

"对象型节目是指向特定对象播出并侧重表现特定范畴或兼而有之的专题节目的形态，一般根据观众的职业、年龄及其他方面的特点分别设置。""对象节目的内容和形式要充分考虑特定收视对象的兴趣、爱好和特殊需要，通常兼有新闻性、教育性、娱乐性、社会性和服务性的功能。"（《中国电视专题节目界定分类条目》）

当前电视屏幕上设置的对象节目大致有：军人节目、青少年节目、妇女节目、老年节目、残疾人节目、少数民族节目、港澳台胞节目、对外节目等。

军人节目指向军人这一特定对象播出的节目，或反映军人这一特定对象生活、学习、工作内容的节目。军人节目有利于我军正规化、现代化建设，有利于树立我军将士的光辉形象。军人节目应有权威性和严肃性。中央电视台的《人民子弟兵》、《军事天地》是军人节目代表。

青少年节目的对象是青年、少年、儿童，以反映他们学习生活和日常生活为主要内容。鉴于青少年特点，这类节目内容上应健康向上，形式上应生动活泼、深入浅出。还应把节目的益智性放在首位，在轻松愉快中接受各种知识和道理。中央电视台开办有青少年节目《七巧板》、《第二起跑线》、《十二演播室》等。

妇女节目以中央电视台的《半边天》最为著名。妇女节目指向妇女观众这一特定对象播出或反映妇女生活为内容的节目。这类节目应该从生活中的物质和精神两方面着眼，既有生活中的衣食住行的指导，更有如何处理家庭关系、子女教育、婆媳关系等方面的理论和实际指导。

老年节目以老年观众为播出对象，以反映老年人日常生活为主要内容。其特色是：轻松，好看，有趣，有娱乐性，知识性为辅，服务性为主。老年节目要注意针对老年人的生理特点和心理特点。中央电视台的老年节目《夕阳红》在全国有较大影响。

残疾人节目是以残疾人为服务对象的节目。残疾人节目以鼓励、增强残疾人的自信心、自强心和顽强生活的勇气为目的。节目制作、拍摄时应尊重残疾人的特殊心理，避免对残部特写或大特写处理，以免造成不良刺激。此外，这类节目还应在生活方面给予应有的指导，呼吁社会为残疾人的生活提供必要的服务措施。《银手杖》是中央电视台开设的残疾人节目。

少数民族节目是专以少数民族同胞为服务对象或反映少数民族生活题材的节目。这类节目以中央电视台的《民族之林》为代表。少数民族节目必须尊重少数民族的生活特点、民族习俗、语言风格，以免引起误解。

港澳台胞节目以香港、澳门、台湾地区观众为播出对象。由于服务对象比较特殊，在宣传党的有关方针政策时，应把握好尺度和分寸，便于观众接受。这类节目以宣传祖国经济建设成就为主，同时报道民族风情、民俗文化、风景名胜等。中央电视台开设的《天涯共此时》是这类节目代表。

对外节目是我国电视走向世界的一个窗口。对外节目应遵循以下原则：表现中华文明精华，有民族特色；反映中国当代成就；顺应国际潮流，注重与世界接轨；

尊重各国民俗风情。中央电视台的对外专栏有《中国报道》和《中国纪实》。

三、服务型

应该说，所有电视节目都是为观众服务的。这儿的服务型节目，是指"为人与社会的日常具体的需要提供具体服务的一种节目形式"。"服务型节目并非以内容属性为标准或外在形态为标准分类，若力求涵盖面广、准确性强，还是以它平常的实用性，即功能来划分，比较适宜。"（《中国电视专题节目界定分类条目》）

以功能为划分标准，服务型节目可分为公益性和指导性两类，前者如《天气预报》、《广而告之》、《股市行情》、《节目预报》、《寻人启事》等，后者如示范性节目、时令性节目等。

本章思考与练习题

1. 试谈专栏节目的优势。
2. 怎样给一个栏目定位？
3. 何为"杂志化"？杂志化有何特征和优点？

第 七 章
解 说 词

【本章内容提要】

画面语言有自身的局限性，启发的同时又限制思维，给人多义性又给人模糊性，对过去与未来鞭长莫及，对抽象概念和思想难以表达。

解说词有重要意义，表现在：补充背景、介绍知识和信息、整合画面、表现细节、调动想象和联想、抒情、深化画面和主题、表现哲理、衔接与转场。

解说词可以分为新闻式、政论式、抒情式等多种形式风格。叙述角度则可以是第三人称、第一人称或多种人称相融。语言上，要有时代感，尽量生活化，注意简洁、精练，借鉴多种文学手法使形象生动。

伟大的荷马弹着七弦琴，高声吟唱《伊利亚特》、《奥德赛》，却看不见古战场的硝烟，看不见奥林匹斯山上的诸神和特洛伊厮杀的英雄们，只能在脑海中追忆、臆想、沉湎。

因为他是盲人。

英雄的贝多芬站在莱茵河畔，动情地看着滚滚波涛，看着千帆竞渡，阳光明媚，却听不见一点声响。世界寂静得有如地狱，他甚至听不见自己的音乐。

因为他的耳朵完全聋了。

荷马与贝多芬都是人世间的英雄，却都遭遇到巨大的不幸。一个失去了视觉，一个失去了听觉。

只有声音的世界和只有图像画面的世界都是残缺不全的。

人类艺术的发展，只有到了20世纪，到电影、电视的诞生，声画合一，视听融汇，才恢复、创造出一个完整的艺术世界。

视觉语言和听觉语言是电影、电视不可缺少的基本因素。对电视专题节目而言，除同期声外，听觉语言主要表现为解说词。解说词是专题节目的重要组成部分。

第一节　画面语言的局限

　　由于电视的传播特性，视觉画面语言是电视最根本的语言要素。没有画面，就没有电视，自然也就不存在什么电视解说词。

　　但是，事实已经告诉我们，有声电影终究代替了无声电影，世界存在的另一半——有声语言必然要在表达完整世界的影视作品中占有自己本应享有的位置。在默片时代，连最优秀的表演大师卓别林也感到画面的捉襟见肘，不得不加上字幕作必要说明。电影大师爱森斯坦可谓深谙镜头蒙太奇组接的表意奥妙，但他至今仍引为经典的代表作《战舰波将金号》也不得不加上大量字幕，并配上音乐，以完整地传情达意。

　　视觉画面语言有自己不可克服的缺陷。

　　视觉语言是人类的天然语言。人类最早的艺术是绘画而不是其他形式。在洞窟壁画艺术高度发达后的若干时代，人类才有了文字，从而才产生了文学艺术。

　　这一历史发展规律表明，一方面，人类的视觉对外界要敏感得多。婴儿降生到世上，对世界的第一瞥、第一感知是通过眼睛来完成的。据现代科学研究分析，人类70%的感知来源于视觉。我们在日常生活中，也经常听人说：要像保护眼睛一样保护某样珍贵的东西。另一方面，人类又终会超越视觉感知阶段，口头语言与文字语言的产生是不可避免的。文字的制造和发明使人类区别于仅有视觉感知的动物。文字语言赋予人类以抽象的概念、判断、联想能力。达尔文在《人类的由来》中指出："人类和高等哺乳动物在心灵能力上没有根本的差别。""差别仅仅在于他把各式各样的概念加以联想的能力，这种能力几乎是无限大的。"艺术史上，视觉艺术的绘画、雕塑与文字语言艺术的文学及哲学各自发展着，但文学与哲学对人类历史的影响则大得多，而且，绘画常常从文学艺术中吸取营养、获得灵感。

　　这正说明，视觉画面固然有其不可替代的作用，比如生动、形象、感性、直接、场信息，但正是这些优点也成为它的桎梏。根据心理学研究成果，表象的作用具有二重性：一是启发开拓人们思维，画面可以唤起人们的构思和联想；另一方面，则具有限制和制约思维的作用，使人们的思维局限于图像，只是机械地重复图像，被紧紧束缚在画面之上。

　　视觉画面语言具有多义性，同时也体现为意义的模糊性。同一画面，经不同组接，其含义截然不同。苏联导演库里肖夫和普多夫金曾把一个演员没有明显表情的脸部特写和三个不同的镜头组接在一起：演员的脸和桌子上的一盆汤组接，演员好像露出饥饿的表情；和玩玩具的小女孩组接，露出羡慕与留恋的表情；和躺在棺材里的女人组接，则露出伤感的表情。这一直被人们作为蒙太奇的经典范例，来说明完整的表意作用是由蒙太奇组接实现的。从中，我们看到，同一张脸被赋予了饥饿、羡慕、悲伤的含义而其本身意义已被淡忘了。画面的模糊性还体现在，因观众世界观、经历、修养、知识的差异，即使同一画面组合，也会一千个读者有一千个哈姆雷特，比如人们对《沙与海》中小女孩滑沙的理解。除了特殊情况，例如引起人们的审美联想、想象、创造意境，可以有模糊外，大多情况下，作品应传播给观众确定的信息。画面的模糊性正妨碍了这一点，同时还妨碍了创作主旨的表达。

电视专题节目以真实生活为直接内容，不允许虚构、扮演，画面都是在现在进行时态下拍摄的。但是，要完整地表现一个人、一件事，必然牵涉到过去与未来，对此，画面是无能为力的。像历史文献片，事件发生时还没有电影摄影机和今天的电子采录设备，即使有，因事情处于萌芽状态，人们也未必给予关注。像人物传记片，不可能某人一出生便被告知他将来是一个出类拔萃的人，从而将他的一举一动加以纪录。至于尚未发生的事，画面也是力不从心。在表现"将来时"方面，由于现实性、可感性的限制，画面显得有些先天"缺乏想象力"。

也即是说，专题节目的画面时空被严格限定在现在进行时，对过去时、将来时鞭长莫及。

面对人物复杂的内心世界、思想和事物发展的本质、规律等抽象、无形的东西，画面就更加无所适从了。俗语"知人知面不知心"与哲人语"熟知并非真知"都说明表象画面的虚幻性、不确定性。甚至在康德、叔本华等人眼中，即使是具备高度概括、推理能力的文字语言也不能认识隐藏在表象世界后面的意志世界，又何况只具感知能力的画面语言呢？一个画面可以简洁地传达出丰富而生动的信息，这些信息可能几百字也叙述不清。但是，同样，文字语言的一个字，比如"爱"、"恨"、"冷"、"热"、"好"、"坏"、"软"、"硬"等，即便用无数画面绞尽脑汁也未必能穷尽其意。

讨论画面语言与文字语言（有声语言的主要形态）哪一个更加重要是没有丝毫意义的，画面语言与有声语言各自的优点与缺点都鲜明而突出。影视作品声画合一、视听相融，正是画面语言与有声语言扬长避短、互相补充的极好形式。

但是，人类认知——知、情、意——的辩证发展过程，却告诉人们，感性认识必然也必须上升到理性认识。人们运用文字语言不仅能够表达感觉世界中的一切现实存在，表达那些隐蔽起来的事实，甚至可以表达那些无法感觉的无形观念。正是凭借这种语言，人类才能进行思维、记忆，才能描绘事物，再现事物间的关系，揭示各类事物间相互作用的规律，提高人类全面、准确、客观地掌握世界的能力。

电视专题节目中，解说词承担着画面局限不能完成的职责。

第二节　解说词的作用

"屏幕上的形象，如果不能依赖于日常口头语言的信息源，就很难获得理解和沟通。说到底，电视上的大多数头像是'说话头像'。这也许很有启发，它提醒我们，电视功能在某种程度上依赖于由一般说话所表现的功能，并由此功能来界定。当然，电视语言是一个超越单纯词语的符号学系统——许多视像内容利用'亚语言学'符号的形式，如画面语言、音乐语言等，但它们最终来自先于电视的现实生活的语言编码。这是电视写作能够成立的理论基点。"（《中国应用电视学》第627页）

电视以画面语言为第一要素，解说词必须以画面为基础，为画面服务，不能脱离画面我行我素。从大多数情况看，解说词是非独立的存在，它只有依附于画面才有意义。如果解说词喧宾夺主，电视画面仅仅成为解说词的图解，这时，电视的特性减弱，文学性、议论性加强，像目前的政论片和以前主题一味先行都是这种体现。当然，解说词围绕画面，为画面服务，并非就画面说画面，不是对画面的重复，也不是对画面的夸大，而是补充、升华画面。

在电视专题节目中，解说词的作用具体表现在如下几个方面。

一、补充画面背景

前边已经说过，专题节目画面受时空局限，不能表现过去与未来时空，因此，对事件的发生时间、地点、来龙去脉、前因后果的交代，对人物的背景知识介绍，就有待于解说词来完成。

例如《朝阳与夕阳的对话》有一段这样的解说："这就是雷蕾，1952年出生，属龙的雷蕾，一个在同龄人中写出电视连续剧《四世同堂》和《便衣警察》主题歌和音乐的雷蕾。年纪稍大一些的人也许还记得，8岁时的雷蕾曾在电影《达吉和她的父亲》中扮演过小达吉。如今，这已经是一个做了妻子和母亲的雷蕾，一个经过高等学府教育之后，踏着音乐的阶梯，已经完全懂得坚定地漫步人生的雷蕾。"这段解说词中的出生年份、属相、作品、小时候扮演小达吉等背景材料是画面没有、也难以表达的，用很短的一段文字，就勾勒出雷蕾的成长过程和成就，使画面不再单薄，而且有了重量。

二、介绍知识、信息

这在历史文献类、科普类电视专题中最明显。对画面内容，观众是陌生的，或不确切的，需要了解，解说词便以有声语言形式与观众交流，给观众以知识、信息。

《地下之光》通过具体的年代、数字、国名、人数等，为观众提供了世界范围内修筑地下铁路的诸多信息。

19世纪中叶到20世纪初叶，伦敦、纽约、巴黎、柏林等城市，相继建成地铁。到1970年，世界已有34个国家有了地铁，运营里程达到2858.6公里。

1863年伦敦地铁通车；

1868年纽约地铁通车；

1892年芝加哥地铁通车；

1896年格拉斯哥地铁通车；

1897年波士顿地铁通车；

1900年巴黎地铁通车；

1902年柏林地铁通车；

1907年费城地铁通车；

1912年汉堡地铁通车。

旧中国战火连绵，经济贫困，直到20世纪40年代，中国政府还没有提出修建地铁的设想。

三、整合画面

画面的一系列组合，如果没有解说词的整合，使画面有较明确的指示关系，则可能使画面处于无序状态。比如对马致远的曲《天净沙》，如果屏幕上仅仅有了画面：古道、西风、瘦马、小桥、流水、人家、枯藤、老树、昏鸦，而没有最后一句话"断肠人在天涯"来点明主旨、整合画面，前边的所有画面则可能不知所指或者没有合理的内在联系。

电视片《迎接挑战》中有一段关于"时间"概念的表现，一系列画面正是在解说词的整合下才有机合为一体。画面是飞快的脚步、急匆匆的赶路人、快节奏的工业画面，各种钟表、交通口号牌、被阻塞的长长的车队、懒散的人。伴随这些画面的解说词写道："年轻的朋友，你可曾知道世界上最平凡而又最珍贵、最容易被人忽视而又最令人追悔的是什么？这就是时间，是构成你生命的分分秒秒。当今世界高速度高节奏已成为现代化的标志。新旧更替，星移斗转，时间观念在迅速变化。但是并非所有人都意识到时间计量单位的变化。多么令人遗憾，'一慢二看三通过'竟成了某些人时间观的绝妙写照。商品有价，时间无价。慢吞吞的节奏断送了多少年华，视虚度为沉稳，无异于漫步在生命的沉船上。"

如果只有画面，不仅时间这一抽象概念无法传达，而且各画面之间的关系也是令人难以捉摸的。解说词的整合作用显而易见。

《让历史告诉未来》中有两组镜头，其一是骑着摩托车在公路上飞驰的年轻人，下一组镜头是纺织厂女工在车间里工作。这两组镜头表面上看起来没有丝毫联系，很让人丈二和尚摸不着头脑。解说词写道："对于今天驾着'雅马哈'飞驰的年轻

人来说，长征已变成一个老掉牙的传奇故事，遥远而又遥远。在今日延安毛纺厂的年轻姑娘们看来，木头纺车似乎是一个遥远的外婆的梦。然而今天的一切正是从那梦里孕育出来的。"解说词一出来，两组镜头便整合了，有机地联结起来了，否则就似乎风马牛不相及了。

四、表现细节

解说既可以对处于无序状态的画面信息进行概括、整合，又可以对画面信息给予逻辑重点的强调突出，将画面中未曾强调、观众未曾留心的细节放大。这时，解说起到比特写画面更明确的作用。

《半个世纪的爱》表现金婚老人们"忠贞不渝、白头偕老"、"患难与共、相濡以沫"的爱情、婚姻，编导者是以一个个生动、形象的细节来体现不同老人的这一情愫的，其中画面固然动人，而解说词则画龙点睛，一笔点出细节，将之强调，诸如，昔日皇妹国舅煎饺子时，"那油倒得也极为节省"；"挂在屋内彼此感到对方行动的小风铃"；"助听器上一根细细的线，连着两颗老人的心"；走路时习惯于"一前一后，不远不近地拉开几步"……通过解说的放大与提示，一个个平凡的细节被强调，并抹上了一层圣洁的光辉。《井冈抒怀》有一组画面，主体是一排烈士纪念碑，一座坟前有几朵小花在风中摇曳，似乎是无意中摄入镜头的。解说词抓住在画面中并不起眼的小花，将其放大，通过观众的听觉，把观众注意力引向小花，揭示其中蕴含的思想情感。解说词这样写道："井冈的风，把花种播在那碑前；井冈的雨，把花儿精心浇灌。就是这井冈的风，井冈的雨，为我们无名的烈士，编织一顶永生的花冠。"解说词对这一事物细节的渲染，使一幅本来平淡无奇的画面活跃起来，而且激起了观众对先烈的崇敬和缅怀。

五、调动想象和联想

我们在前边已经提到，表象画面具有双重作用，即开拓思维与限制展开想象。解说词可以克服画面语言对思维不利的一面，通过对画面审视，以画面为基础，可以广泛而自由地想象和联想，从而拓展画面时空与画面信息。

比如《话说运河》序集《一撇一捺》，作者对运河在中国版图上的位置、形状作了长时间观察之后，充分联想与想象，从而写出了脍炙人口的一段开篇解说词：

我们从地图上粗略地看，长城跟运河所组成的图形是非常有意思的，它正好是我们中国汉字里一个最最重要的字眼"人"，人类的人，中国人的人。

你看，这长城是阳刚、雄健的一撇，这运河不正是阴柔、深沉的一捺吗？长城和运河是中国人为人类所创造的两大人工奇迹。巍峨的长城，是我们祖先用自己的骨和肉铸造的。

深沉的运河，是我们祖先用自己的血和汗灌注的。

133

六、抒情

画面语言当然可以抒情，比如远景与特写就具有较强的抒情意味。但画面的抒情是含蓄、隐晦的，而且比较模糊，不易让观众领会。像《沙与海》、《龙脊》等，在貌似客观、不介入的表面下，实际上隐藏着编导者深切的关注。但是，除了这种"冷静"的抒情外，还有创作者热烈的、奔放的另一类抒情，这种情感的表达显然是画面语言难以胜任的，而解说词则可以痛快淋漓地一吐胸中块垒。解说词抒情可以是黄河奔涌一泻千里，也可以小桥流水、杏花春雨一样绵远悠长，这视题材内容和创作者个性而异。解说词抒情仿佛是一位充满深情的人直接对着观众倾吐肺腑之言，向观众表达自己的喜悦、爱慕、赞赏。解说词抒情主要是创作者内心情感的流露，必须自然、真实，否则就会产生适得其反的效果。

《话说长江》第25回《走向大海》，创作者采取按捺不住、直抒胸怀的解说词，对长江以及长江的儿女们，做了最热情的礼赞。

> 长江，伟大的长江，你的浩瀚而甜蜜的乳汁，养育着世世代代的炎黄子孙。
>
> 儿女，伟大的中华儿女，必将以非凡的聪明才智，制定并实施治理长江的最佳规划。
>
> 江河不废万古，不愧为世界巨川的长江，必将永远托举着一队又一队名符其实的巨轮，驶向世界五大洲四大洋！
>
> 长江，伟大的长江，你流经神圣的中华大地，你多次奔流在亿万中华儿女的心上。

这种情感的直接抒发，给观众的心灵碰撞，是画面不可能产生的。

七、升华画面，深化主题

画面以形象、生动见长，可以给观众充分展示一个个具体、逼真的影像、事件过程。解说词凭借文字语言高度的抽象、概括、归纳能力，能够深入到事物背后，揭示事物本质和规律。一部专题片主题的深化，一个画面内涵的挖掘、升华，显然必须由解说词来完成。

新影厂拍摄的《百万农奴站起来了》有一个令人难忘的镜头：拉萨街头，一个双目失明的农奴在把一些动物骨头敲断、砸碎，放进一个破烂的铁罐。解说词这样写道："他们想从这些骨头里敲出一点骨髓来吃。可是他们自己的骨髓，却被领主们吸干了！"这段话前半部分解释画面，后一句则是对画面的深层挖掘，入木三分，揭露黑暗的封建农奴制度，升华了画面，深化了主题。

《藏北人家》结束时的画面是：晨光中的草原，万物生机勃勃，远山，逆光中的草原，措达微笑着走出帐篷，去草原牧羊。与此相应的解说词是：

> 新的一天开始了。这一天同过去的每一天都一样。
>
> 对措达·罗追来说，昨天的太阳，今天的太阳，明天的太阳都一模一样，

牧人的生活，就像他们手中的纺锤一样，往复循环，循环往复，永远是那样和谐，那样宁静，那样淡远和安宁。

这段解说词揭示了全片主旨，表达了创作者的淡淡羡慕，超越了画面内容本身，是全片内容的概括和深化。

八、揭示哲理

哲理在专题节目中出现，并不一定都是全片主题。生活处处皆有哲理。哲理蕴藏在客观事物之中，它的"点化"也必须依靠解说词。

《望长城》第三集有一段水下长城的画面，隐没在水中的长城，清晰可辨。解说词是："这是一段悄然隐去的长城，这是一段久违了的长城。悄然之中，我看见万里长城都没入水中，没入时间的水中，没入和平的春水之中。"其哲理是明显的，长城作为古代战争的产物，虽然它的军事职能已经化为乌有，但它的存在，却时刻为享受着"和平春水"的人们敲着警钟。

九、衔接与转场

画面和内容的衔接、转场方法较多，解说词是其中很重要的一种。如果前期拍摄中没有考虑到或者漏掉了画面的自然过渡，解说词更是不可少的联结手段。

《庐山散记》很注意发挥解说词的串联作用。如在介绍宋代工匠陈氏三兄弟建造的一座石拱桥时，用这样一段解说使画面更加自然地从石拱桥过渡到"白鹿纲书院"："像陈氏三兄弟这样的能工巧匠，大概没有进过哪个高等学府的门，尽管在离这座石拱桥不远的地方，当时就有一所最高学府——'白鹿纲书院'。"

衔接是为了使上下段落、画面之间连成整体，一气贯通，主要是在逻辑上顺理成章，因此，应当避免那种多余的、牵强附会、生拉硬扯的串联词。

第三节　解说词形式风格

内容决定形式。电视专题节目内容包罗万象，现实生活中的任何事物，每一个人都有可能成为专题节目的表现对象，因此，电视专题节目的解说词在形式风格上也是多种多样，不拘一格。根据其表现形式的主要特征，大致可以分为新闻式、政论式、抒情式、叙述式等几种。

一、新闻式

电视专题新闻、电视新闻评论和具有较强新闻性的专题片等，它们的解说词写作大多采取新闻式风格。

由于内容有很强的新闻性，所以，这类解说词必须体现出严谨的纪实特点，给人以真实感。同时，要有新闻的时效性，不能在那儿翻晒陈年烂谷子。新闻新闻，就贵在新。

与其他类解说词相比,丰富的信息量是新闻式解说词的一大特点。抒情式解说词对信息要求不是很高,叙述式风格的信息相对而言更多地来自画面生活本身。但在新闻式风格中,除了画面信息外,一个新闻事件的前因后果、来龙去脉,亦即常说的新闻五个基本要素,往往并不能出现在画面上,这些背景材料必须在解说词中交代清楚。

这类解说词在描述、评论新闻人物、新闻事件时,应力求准确、中肯,与画面相符合,切忌任意拔高、无限上纲,并注意用语分寸。

在语言上,新闻式解说词必须有时代感,贴近时代。媒介就是内容,形式本身代表着人的思维方式与价值取向。在语言符号更新速度相当迅速的今天,更应注意语言形式的时代特色,不能用十年前、甚至几十年前的陈旧语言模式来撰写新闻式解说词,旧瓶子难装新酒。

二、政论式

政论片、哲理片、文化反思片等大都采用政论式风格解说词。这类专题片,往往是对历史、社会、时代、人生、文化等做出分析和判断,提出自己的认识和主张,具有较强思辨色彩。像《让历史告诉未来》、《世纪行》等,是较典型的政论式风格。

由于这类专题片强烈的思辨性,在表现抽象、推理、归纳方面先天不足的画面往往成为次要角色,解说词反客为主,成为主导。这类专题片的电视特色不强,更像是创作者在以电视画面为讲坛作演讲。所以,政论式专题片又被称作"形象化政论",而且,所谓"形象化"也不过是文字语言的具象外壳。这样一来,这类专题片的认识价值远远超过画面审美价值。

可以看出,政论式风格的解说词的写作与一般政论文章大同小异,并无根本区别。这类作品也往往是先写好解说词再去找画面。这从另一个方面说明,在政论式专题片中,解说词具有第一位的重要性。观众主要是从中获取知识、价值取向或道德判断,从观念、心灵上被震撼。因此,这类作品对解说词要求极高,并非什么人都能承担,必须有较高的理论和文字修养,以及广博的知识。

政论式风格解说词要求较强的语言逻辑,一环紧扣一环,论证严密,说理透彻。另一方面,语言要有气势,带强烈感情色彩,好似一篇极富煽动力的演讲词。即是说,从道理上说服人,从情感上打动人。因此,政论式解说词虽然主要是讲理,与写政论文章大体相似,但电视传播的大众性,却又要求电视的特点,要求解说词不能像论文那样死板。

政论式作品在我国有较大的影响力,出现过不少优秀之作,它常常可以用作宣传思想、反思文化的有力武器。

三、抒情式

抒情风格解说词主要用在创意型专题节目。这类节目主要是抒发对自然景观、风土人情、民族文化的深厚情感，或者表达创作者对美好事物、理想的炽烈追求。

抒情式解说词语言优美，感情真挚，有很强的节奏感和韵律感。这类解说词带有浓厚的文学色彩，近似于散文、散文诗、诗歌。《西藏的诱惑》是这方面的代表作，创作者借助五彩斑斓的解说词，酣畅淋漓地表达了对西藏的热爱、对人生境界的执著追求。

四、叙述式

叙述风格是电视专题片解说词最常见的一种，是对某种社会情状和人生形态或一件事的介绍和说明。

这类风格解说词语言自由、流畅，内容贴近生活、平实、朴素，像是拉家常一样，亲切、明晰，极为大众化、平民化。政论式风格带说教、鼓动性质，抒情式风格好像一位诗人在高歌，叙述式风格则是知心朋友交谈。

当纪实风格在纪录片中盛行之后，这种平易近人的叙述风格解说词得到进一步推崇。叙述风格是社会日趋世俗化、民主化的必然要求，是对以往严肃说教面孔解说词的反抗，它体现了对观众的极大尊重。当前，绝大部分专题片、纪录片都是取用这种风格解说词。

第四节　解说词写作

一、总体构思，整体布局

尽管从根本上讲，电视专题节目解说词写作属于文字语言创作，但是，由于解说词在电视片中独特的作用和位置，除了政论风格解说词外，电视解说词大都与一般文字写作迥异，有自己特殊的规律。

电视专题节目解说词写作必须从整体出发，总体构思，整体布局。

电视艺术是视觉语言与听觉语言结合的综合艺术，缺少任何一方，都不能完整地表达世界。视觉语言包括画面、图片、图表、字幕等，听觉语言包括解说词、同期声、音乐音响等。电视艺术是由上述语言元素共同组成的，这些元素在一部电视作品中各自发挥自己的优势，各有自己的位置，不能互相替代，也不能独立地存在，只有在电视作品这个大系统中，它们才有意义，才显出自己的价值。解说词也不例外，离开画面，解说词便如同无本之木，没有根基，失去凭依。比如解说词中写道"这个人"、"这种方法"等，没有画面的依托，那么，往下的话都等于空中楼阁，观众并不知道你在说些什么。因此，解说词写作首要的是将自己水乳交融地融汇在作品整体中，总体构思，与电视诸语言元素相辅相成。在纪实性较强的电视片中，解说词本身更是零零星星的，不能独立地表达完整的意义。

当然，解说词与诸元素相融合，并不意味着自己独特意义的丧失，相反，在各种电视语言互相配合中，每一种语言元素将更加有效地发挥自己的作用。犹如一个交响乐团，画面与解说词可以说是作品的第一、第二小提琴手，在其他乐器演奏的和声中，它们的声音应该是响亮、清晰而饱满的，这样，整个电视作品才可能产生立体效果。对解说词写作而言，镜头的边框与具体的画面形象只是展开解说的基础，它的内容完全可以联想到画面之外更多的内容、更深的含义和其他的信息。

解说词总体构思是解说词创作的原则，但电视解说词大都不是一次成型，它要根据全片的采访、拍摄、编辑、合成的情况不断进行修改，直到入库播出，解说词的修改才会结束。

除了政论类作品，一般电视作品的解说词都不应从头至尾将画面塞得严不透风，不留一丝缝隙让人喘息、呼吸，而要尽可能地让画面自己多说话；非到万不得已，需要将画面"点石成金"时，解说词方可出头露面，为画面"雪中送炭"。所谓"事实胜于雄辩"，画面已经历历可视了，又何须解说词去赘述？

至于布局，由于解说词自身难以独存，它的断断续续与片断性质，离开电视画面等其他语言来谈结构、布局是没有意义的，与构思一样，布局也必然是整体的。一个电视专题片的结构布局有内在的叙事、情感、理性联系，但这些结构层面的表现不是仅由某一种语言元素能够完成，而是综合努力的结果，虽然其中画面与解说词起着更加主要的作用。

二、开头与结尾

从整体来看，一部作品的解说词像一条时隐时现、时藏时露的小溪，呼应与点缀着画面。就整体来看，它自身显得比较零散，但是，在相对小的段落里，解说词应该是完整的。开头与结尾便属于这种情况。

解说词的开头与结尾和画面的开篇与终止一样重要，在电视片中起着特殊的作用。开头是脸面，犹如人见面的第一印象，决定着观众是否继续把节目看下去，起着商品广告的作用。开头的方法很多，有的开门见山，直截了当，开宗明义直奔主题；有的提出问题，或者说明原因，从而引出下文；有的以景物描写着笔，烘托气氛，类似文学中的"兴"；有的则以抒情开头，用勃发的激情一下子点燃观众的心灵。不管用何种方式开头，目的都是吸引观众。所以，如果开头新颖、别具一格，或者气势宏大，则很容易在具有求异心理的观众脑海中留下较深刻的印象。

比较优秀的电视专题片一般都很注重开头解说词的写作。《话说运河》序集的解说词写作任务是交给著名解说词作者陈汉元先生的。他深知任务非同一般，所以冥思苦想，不敢懈怠，连坐班车都在想。最后，终于写出了深受世人赞赏的《一撇

一捺》。这段解说词充分展开联想，将长城与运河连在一起构成"人"字，站在高空俯视华夏大地，气势磅礴，而且含义深刻，意味幽远。

一部为纪念长征胜利 60 周年而摄制的专题片的开篇解说词这样写道：

很久很久以前，有一位英雄名叫普罗米修斯，他冒着被锁高加索山千年，被鹰啄食心脏的危险，反抗残暴的宙斯，为人间盗取火种与光明。

很久很久以前，有一位巨人名叫夸父，他不怕路远山遥，不怕饥渴，始终不渝地去追赶太阳。

六十多年前，有一群人，行程二万五千里，克服千难万险，用青春和热血，在中华大地上，编织了一条正义与真理的红色飘带。

这段解说词以人皆共知的两个神话故事作比、兴，引出长征。借助三者追求光明与真理的内在一致性，既点明了主题，又使形象生动鲜明。

解说词结尾方式也多种多样，可以是总结性的，可以是照应性的，可以是抒情性的，也可以是含蓄的，或者号召性的。总之，结尾应该让观众要么感到完满地结束，要么有一种"余音绕梁，三日不绝"的意味。结尾要自然，是全片水到渠成的结果，不能人为地、任意地裁上一个"尾巴"，所谓"狗尾续貂"，即使前面再好，也可能因此而功亏一篑。

三、注重细节描写

我们已在前面谈到过细节问题。电视专题节目可以无情节，但必须有细节。细节可以通过画面语言、听觉语言、视听复合语言来表现。解说词是表达细节非常重要的手段，有画面语言难以企及的作用，诸如过去时空、未来时空中的细节，只能靠解说词传达。因此，解说词写作必须重视细节描写。具体详述，请看有关部分。

四、叙述角度

如同我们站在不同角度去看一个事物，必定看到不同内容、得出不同结论一样，解说词叙述角度的差异，其传达的信息、给观众的影响也会不一样。

第三人称的叙述角度是最常见的一种。这种角度，作者不露面，不受时间和空间以及作者主观视点的限制，比较自由灵活，可以上下左右前后面面俱到，达到多层次、立体式阐述，所以被称作"全知视点"或"上帝视点"。除了多方面、全方位叙述的优点，第三人称角度还给人以客观的印象，作者超越于被介绍对象之外。但是，这种角度由于失去了现场参与感，往往使人感到冷漠、生疏、不够真实亲切，缺乏亲近感。

第一人称的叙述角度是指解说词中创作者以"我"或"我们"的身份出现。这种叙述角度以"我"与"我们"的视点来介绍、描述对象，具有明显的主观参与意识，有很强的现场气氛，容易给观众真实亲切的感受。同时，由于以第一人称叙述，便于发表意见，直抒胸臆，表达情感。但是，第一人称叙述角度受到"我"与"我们"主观视点的限制，超过这一视点之外的活动，就难以表现。这样，画面与内容都受到了较严格的制约。

多种人称交替出现也是很好的一种叙述方式。这种方式灵活多变，既有深度又有广度，既能客观介绍，又能畅抒主观情感，兼有第三人称与第一人称的共同优点。

解说词的叙述角度是多种多样的，此外还有拟人化方式、对话方式、主持人方式等。至于一部作品具体采取什么叙述角度，这要根据题材与主题而定。需要注意的是，一部片子可能有多种叙述方式并存，但最基本的人称应该统一，不能太混乱，不能不分主次。

第五节　解说词语言特色

电视解说词语言不同于书面语言，它要诉诸听众，要通过解说转化为听觉语言。解说词也不同于日常口语，而是提炼加工过的口语形式。解说词语言介于书面语与日常语之间。

一、时代感与生活化

任何艺术都是时代的产物。电视专题节目以现实生活中真人真事为直接内容，反映时代生活，其解说词语言应该富有时代气息。同时，电视作为最有影响的大众媒介，解说词语言必须大众化、生活化，明白晓畅。古代大诗人白居易尚知道把自己的诗念给老太婆听，直到老太婆听懂才定稿，作为大众传媒，更应该如此。

语言生活化并不仅仅因为生活化语言浅显易懂，而且因为只有生活化语言才清新、生动，有鲜活感。一部文学史早已说明，每当宫廷、文人文学陷入危机、走向死胡同时，民间文学便能给它们注射新的血液，《诗经》、《汉乐府》等就是具有永恒魅力的民间文艺。生活日新月异，生活中语言也发展变化着、更新着，从而总是保持着新鲜味。

生活化语言与时代感语言是一致的，时代感体现在具体生动的生活中。解说词语言的时代感与生活化，是其生命力的保证。诸如解说词中"打的"、"炒鱿鱼"、"回扣"等显然是今天人们口头中的常用语；像"有温度没风度"，"有风度没温度"则极富幽默感，有浓厚生活气息。

当然，生活化并不是不加选择照搬生活，生活中许多语言还很粗糙，甚至粗俗，必须给予辨别提炼。

二、简洁、精练

任何文字语言作品都要求简洁、精练，画蛇添足、啰啰嗦嗦总会受到嘲笑。对电视专题节目的解说词而言，这一要求就更高，因为，电视是以秒、帧计时，不允

许你像小说或古代八股文一样慢吞吞地铺陈或描述环境。

由于受时间的严格限制，电视解说词必须在有限的字数内传达较多的信息量，使语言具有高度的概括力，做到"一字千金"、"一叶知秋"。

《沙与海》中打酸枣一段，画面长达五分钟，解说词却仅有一百多字，它这样写道："离刘泽远家门不远的地方长着几棵沙枣树，是种植的还是自生的，谁也搞不清楚，也从来没有人为它浇水，然而这几棵树每年都开花结果。"从这平淡、简练的解说中，观众却能联想到许多东西，想到刘泽远一家人也像沙枣树一样，克服生存环境的艰难而生活着，并且"开花结果"。

鸦片战争发生的背景极为复杂，历史事件也头绪很多，但《让历史告诉未来》则用一句话就生动地表达了出来："罂粟，两年生草木，结果实，果中乳汁经人工提炼成鸦片。谁能想到，一种自然植物日后会被用来打倒一个民族。"

三、文学性

电视解说词虽然不同于一般文学作品，但需要文学性，文学性可以使解说更形象、生动。就像人们说话，有的人出口成章，滔滔不绝，极有口才，有的人则拙于口舌，开口无言；有的人满口锦绣，妙语连珠；也有人话语咕咕不断，却像和尚念经，枯燥乏味。

为了增强解说词的文学性，可以在解说词中运用多种修辞手法，诸如比喻、对比、排比、反复、反问等。

1. 多种比喻手法

在解说词中，比喻被大量运用。以画面为基础，以"接近联想"、"相似联想"等心理作用，表达"比"和"兴"的效果。比、兴是诗歌中最常见的方法。通过比喻，可以使观众暂时离开画面，想到比喻之物，二者相映，产生一种美的意境。

纪录片大师伊文思1958年初拍摄的《早春》解说词，可以说是运用比喻的经典。解说词作者何钟辛准确地把握住伊文思富有诗意的镜头含义，由画面形象引发出沁人心脾的词句："春天，在江南的田野上，移动着她的脚步！"画面是：牧童赶着水牛，踏碎水田上结的薄冰，慢慢地犁开了土地。另一段画面：一群鸭子在小溪里漂游而近，解说是："'春江水暖鸭先知'。春天已经从水面上漂游过来了。"可以毫不怀疑地说，没有这些优美的解说，《早春》未见得会给人们那么深刻的印象。

2. 对比

对比联想可以使平淡、枯燥的东西妙趣横生，拓展观众思想。

美国纪录片《紫禁城》有几段这样的解说词：

在中国发明瓷器七百年以后，马可·波罗才第一次把这些瓷器的样品带回意大利。

当基督渡越伽里利海的时候，中国人已经在使用指南针。

而当中国人发明纸张的时候，用来做十字架的木料在耶路撒冷还是一株树苗。

通过对比，将本来已不能给人新鲜感的中国古代几大发明——瓷器、指南针、纸张，非常有趣地作了介绍，令人难忘。

专题片不能虚构，但需要想象，想象使一个作品充满灵气。

3. 排比、反复

排比与反复并不一样。排比可以增强气势，通过把内容相连、结构相同或相似、语气一致的几个句子或词组接连讲出，充满力度，能激发观众的情绪。

解说词中的反复，则是配合画面上积累式蒙太奇，对某一句子的反复强调。《话说运河》中，有一段画面上出现运河沿岸的工厂、村舍、医院都把污水排向运河，破坏了运河的水质。解说词用的便是连续反复句式："排放，排放，还是排放……"

排比与反复都带有较强的情感色彩，用时必须与整体风格协调一致。

4. 反问

反问是答案已在问中，是"明知故问"，也多是创作者的主观感受。反问常常起到发人深省的作用，反问本质上是一种强调。《庐山散记》在介绍庐山花径公园时，作者联系到白居易当年咏桃花的绝句："人间四月芳菲尽，山寺桃花始盛开。长恨春归无觅处，不知转入此中来。"当镜头在一枝桃花上推来推去时，作者便以实相告："也许我们比当年白居易来晚了几天，当我们今年四月赶到庐山时，花径的桃花只剩下了这一枝。但是一枝桃花不也能告诉人们春天还没有归去吗？"这样一反问，便韵味无穷。

文学性表现还很多，常用的是上边几种。解说词语言的文学性必须用得适当，恰到好处，切忌华词丽句堆砌，否则会适得其反。

四、幽默感

幽默是人类智慧的表现，是一个人的宝贵财富。当解说词中恰当地运用幽默时，可以增加无穷情趣，使观众在欢愉中观看节目。

新影厂拍摄的《美的心愿》解说词中有不少幽默佳句。比如当镜头推近一个妇女蓝布罩衣下露出的花棉袄的边时，解说词便幽默地说："尽管形而上学猖獗，但是美的心愿是关不住的春光。"当几个女孩子在公园拍照时脱下清一色的蓝衣，换上花衣裳时，解说词又写道："人们只能把美的欣慰的纪念，留在百分之一秒的瞬间。"真是饶有风趣而又意味深长。

幽默不是哗众取宠的噱头，它以渊博的知识和灵感为后盾，切忌滥用，否则会陷入浅薄、庸俗的插科打诨的俗套。

我们说，电视解说词写作与写文章一样，并非看几本写作技巧之类的书就可以了。所谓"文无定法"，各人有各人的特点。解说词写作，需要有相当的文字功夫、

文学修养及哲学素养，并且经常实践、观摩学习、总结经验，才会取得较好成绩。同时，创作者必须熟悉电视艺术的特点，文字语言与画面语言、听觉语言与视觉语言有机融合，才能创作出优秀的电视解说词。

本章思考与练习题

1. 试分析画面与解说词的关系。
2. 举例说明解说词的作用。
3. 解说词写作应注意哪些问题？
4. 举例说明解说词的语言特色。

第 八 章
电视节目主持人

【**本章内容提要**】

电视节目主持人对电视节目的成败有重大影响。节目主持人的基本特征是人格化传播和对象化传播，是人际传播和大众传播的结合。

政治责任感、道德品质、学识、创造力、魅力等是一个主持人必须具备的素质。

主持人的言语行为和非言语行为作为传播手段，主持人主体行为是一种非角色表演。

主持人个人风格表现在个人气质、选题与思想的独特视角、审美理想和趣味等方面。主持人风格受节目内容与形式的制约。

专题节目主持人的发展趋势是，采编播合一和学者型。

今天，无论我们什么时候打开电视，总能看到屏幕上姿态、风格各异的节目主持人，或滔滔不绝，或娓娓道来、或庄重、严肃，或面含微笑……总之，电视节目主持人已经成为电视屏幕上很重要的形象。就专题节目而言，特别是电视栏目，与节目主持人可说是"同生死共存亡"的关系。

第一节　节目主持人的产生和发展

电视节目主持人并不是随电视的诞生而出现的，但其兴起和在电视中占据越来越重要的地位却是必然的。电视节目主持人不仅仅使电视节目结构、形式发生了变化，还改变了电视节目的传统模式，变单向、灌输式传播为具有吸引力的人格化的双向交流传播，导致了电视传播史上的重大变革，成为电视文化大众化的重要标志。

一、主持人的发展史

节目主持人是电视节目发展到一定阶段的产物，是电视节目日趋成熟的象征。

节目主持人特别与电视栏目紧密相连，只有在栏目中，主持人才使自己的形象、自己的作用得以巩固；反过来，也只有通过主持人，电视栏目才生动活泼、亲切自然，才会与观众建立融洽的关系。

节目主持人的发源地在美国。

节目主持人这一名称最早是由美国哥伦比亚广播公司（CBS）制片人唐·休伊特于 1952 年提出的。1952 年是美国的大选年，休伊特认为那个年代的电视新闻对重要事件的报道过于单调、呆板，感到有必要挑选一个能够把那些从不同侧面报道两党代表大会的报道组织、串联在一起的人，从而构成一种整体——既系统又全面的节目。他借用体育运动接力赛跑中的 anchor 一词，即以跑最后一棒的人称呼节目主持人。休伊特说，组织、串联两党代表大会报道的这个人应该具有 anchor 那样的速度和冲刺的能力，起到组织、串联、承上启下、关键时刻能亲自完成使命的作用。休伊特选中了具有多年记者经验的沃尔特·克朗凯特担任这一重要角色。克朗凯特作为第一个主持人角色的尝试者进行了精心准备。由于他准备充分，加之有丰富的报道经验，所以使 CBS 对两党代表大会的报道不同凡响，克朗凯特开始崭露头角。但是，固定的节目主持人并没有应运而生。

1956 年，美国又一次大选，在这一年的两党代表大会上，全国广播公司（NBC）的一对伙伴主持人切特·亨特利和戴维·布林克利组成一对搭档，成功地以主持人形式报道了两党代表大会。从此，两人成为 NBC 晚间新闻的固定节目主持人，他们主持的《晚间新闻》在整整 12 年中一直占据三大广播公司新闻节目收视率之首。

亨特利、布林克利等人的成功，使人们发现个人魅力在传播活动中的巨大作用，预示了节目主持人形式的可观前景，对当时及以后的各档电视节目形式产生了很大影响，三大广播公司纷纷效仿这种形式。到 70 年代，一股"主持人热浪"席卷美国电视界，大凡收视率较为稳定的节目都设置了相对固定的主持人，主持人逐渐成为一种固定职业。

70 年代初，西方许多国家如英国、法国、（前）西德、加拿大、意大利等都效仿美国，改变传统传播模式，推出自己的节目主持人，强调主持人的个性，加强主持人的权威感。进入 80 年代，电视节目主持人形式在更多国家和地区得到普及，类型多种多样。

与西方相比，我国电视节目主持人的出现晚了二十多年。客观原因是，尽管我国从 1958 年开始建立了自己的电视台，但漫长的"文革"使我国电视事业几乎处于停滞状态。加之东西方政治上的冻结，使我国长期处于封闭之中，不能与外界交流，获取新的信息。"文革"结束，电视业才真正快速发展，电视节目主持人这一重要发展也才得以实现。

1981 年 7 月，中央电视台播出《北京市中学生智力竞赛》节目，第一次在屏幕上打出了主持人这一称谓。1983 年，中央电视台《为您服务》栏目调整节目内容，固定播出时间，沈力出任专职节目主持人，成为我国第一位固定栏目电视节目主持人，打破了二十多年来中国电视一直沿用电视播音员的工作形式。

在这以后，各种类型的节目主持人便纷纷涌现。上海电视台推出少儿节目主持人陈燕华，先后主持了《娃娃乐》、《燕子信箱》、《快乐一刻》等节目，很受欢迎。1987 年 7 月，上海电视台推出全国第一个杂志型电视新闻专栏节目《新闻透视》。福建台推出《新闻半小时》，由记者主持。广东电视台相继推出《市场漫步》、《金融窗口》等栏目，并设置了专职节目主持人。上海二台也推出经济节目主持人。在专题片中，《话说长江》首次在同类节目中采用主持人形式，由陈铎和虹云在演播室直接与观众见面交谈，从以前的单纯画外音解说走上了电视屏幕。《话说运河》的主持人形式进一步发展，主持人走出演播室，亲临现场，增强了现场感。到《望长城》，焦建成和黄宗英的主持使节目增辉不少，主持人形式已日臻成熟。

为了进一步提高节目主持人的修养，展示主持人节目的优势，中央电视台曾于 1988 年举行了"如意杯"专业节目主持人评选，并在北京地区进行了业余节目主持人竞赛，最后，从参赛的 61 位专业节目主持人和 1100 多名业余节目主持人中各自评出"十佳"节目主持人。这次活动引起了社会的广泛关注，对我国电视节目主持人的发展起到了推动作用。到今天，这种活动依然进行着，诸如"金话筒"评选等。

节目主持人形式在电视屏幕上迅速发展，最可贵之处在于它打破了过去单一的灌输式传播模式，改变了很长一段时间里电视台总以高高在上的姿态、以教育者的面孔和口吻面对观众的状况，而开始以主持人的名义，以"我"和"你"的语气，与观众展开平等、亲切的交谈，调动了观众的参与意识。这是主持人个人魅力的发现，是美学进入传媒界的具体体现。

二、主持人的影响与作用

电视节目主持人对社会、电视台的影响是巨大的，在美国尤其如此。"据美国有关方面的调查，今日美国电视屏幕上的名牌新闻节目主持人对美国社会的影响仅次于总统、国会议员、企业界巨头、工会领袖，占据第五位。"（赵淑萍：《对美国电视新闻节目主持人的分析》，选自《话说节目主持人》）

20 世纪 60 年代末，克朗凯特亲赴越南实地考察战争，回国便在电视中发表了他那著名的见解："看来唯一切合实际的、然而是令人不快的结论是：我们已陷入僵局……唯一的合理出路……在于前去谈判而不以胜利者自居……"（埃德温·埃默里等著：《美国新闻史》，新华出版社，1980 年版）约翰逊总统看了他的报道后说："如果我们失去了沃尔特，我们就失去了这个国家。"因而下决心结束这场战

争。美国作家戴维·霍尔伯斯坦姆写道："一场战争由一位电视节目主持人宣布结束，这在美国历史上是第一次。"

克朗凯特的接班人丹·拉瑟也以左右美国公众舆论而誉满全美。1982 年 8 月 17 日，拉瑟在当晚的 CBS《晚间新闻》节目中抨击里根政府当天发表的对台湾政策及税收政策。里根总统看到电视新闻后，立即打电话到 CBS 新闻编辑部，向拉瑟解释他的政策。这一事例被美国舆论界视为节目主持人的影响高峰。巴巴拉·马图索在《晚间明星》中写道："美国总统在一次新闻节目刚播出一半时，亲自打电话给一家电视网的新闻节目主持人，要求改正对他的抨击。这件事本身就说明了电视网新闻节目主持人发挥了巨大的作用。"（《中国应用电视学》第 698 页）

在西方其他国家，其他类节目主持人的影响也是相当大的。法国电视二台有一个专门评说各类新书的《健谈》节目，在毕柏的主持下，非常著名，极具影响力。据说，凡经毕柏介绍的书，绝大多数会影响书市行情，有时甚至造成极大的起落。

在我国，广大观众对赵忠祥、倪萍、朱军、李咏、王小丫等主持人的熟悉程度远超过对一些电影明星的。曾经许多人竟认为赵忠祥是电视台台长。

节目主持人这种强大的影响力，是当代电视传媒本身大面积覆盖率、电视台权威、主持人个人魅力、素质、固定栏目"积累效应"等诸多因素共同的结果。

就电视栏目本身而言，主持人是节目的支撑，"是传播过程中最灵活、最后的一个环节"。如果没有得力的主持人，电视的传播功能就难以成功地实施，电视台的意向、节目编导的创作意图当然也就难以体现。一个栏目的成功，出色的主持人是非常重要的条件，主持人的个人魅力直接影响到节目的收视率。美国权威人士曾认为，如果一个新闻节目成功的所有因素加起来等于 10，那么主持人因素则占 8。所以美国三大电视网之间为争夺主持人常常明争暗斗。20 世纪 80 年代初，为了争夺一流电视新闻主持人丹·拉瑟，三大广播公司进行了一场富有戏剧性的秘密与公开的交战，制造了一出丹·拉瑟"大拍卖"的闹剧。CBS 以 10 年 2000 万美元外加其他费用 50 万美元的高薪，挽留拉瑟。最后，出于对 CBS 工作环境的留恋，丹·拉瑟成为 CBS 晚间新闻主持人。

具体到节目来说，主持人是节目的"灵魂"和"主宰"。沈力曾写文章说："主持人的最高任务是要驾驭节目，要做到能把节目掌握在自己手里，胸有成竹，运用自如，真正起到'主宰'和'灵魂'作用。"（《谈主持人的个性形成》，选自《话说节目主持人》）这种"主宰"作用主要是：（1）组织、串联节目的各部分，比如大栏目下若干小栏目，一个内容中的若干层次，使零散的内容融为一个整体，错落有致、工整规则、自然流畅；（2）表情传意，用自己的口头语言和形体语言完整、准确、生动地将节目内容表达出来，传递给观众；（3）沟通观众，吸引观众。要达到表情达意的目的，主持人必须具备与观众打交道的本领，平易近人，和蔼可亲，以自己的个性魅力、学识、言行等吸引住观众，达到双方平等交流、沟通。必须明确的是，主持人的最终作用是传达节目内容，不管是组织、串联节目，还是沟通、吸引观众，都是为这一目的服务。主持人的个性魅力也只有在不断变化、永远常新的内容与形式中才能充分显示。因此，主持人不应过分迷恋于自我本身，必须与内容、与节目融为一体。所以，美国《60分钟》节目总编导唐·休伊特认为，主持人的个性魅力好比"调料"，节目内容好比"主菜"。《60分钟》能够成功，一方面在于主持人富有个性，一方面在于节目内容具有深度。

第二节 节目主持人的基本特征

节目主持人尽管有不同的类型，但他们有一些共同的基本特征。人格化传播与对象化传播就是节目主持人的两个基本特征，电视节目主持人形式实际上是人际传播与大众传播二者优势的综合。

一、人格化传播

节目主持人形式的第一个显著特征是人格化传播。

早期的大众传播理论认为，大众传播不属于面对面的亲身传授形态，而属于非人格化的传播。尽管报纸上各类文稿中，不同作者有不同的特色与风格，广播中各色人物也有各自的音色、音质和语言表达方式，但是，这一切总给人隔着一层的感觉。记者、作者、编辑、广播播音员都不能显示自己的"庐山真面目"，读者与听众不能亲眼看见他们的音容笑貌、言谈举止、气质风度乃至人格风貌。所谓"百闻不如一见"，传播交流中终有诸多遗憾。

节目主持人也不同于主持人之前的电视播音员、解说员、报幕员等，他们常以第三者身份说话，要么颁布政令、播报新闻，要么介绍节目名称、顺序，要么心平气和、毫无感情色彩地解说某事某物。

节目主持人是活生生的，是具体的人。节目主持人具有双重身份，一方面，他代表电视台，代表编导意图，另一方面，也是最重要的方面，主持人代表着他自己，他要以"我"的眼睛，"我"的观点去寻找、品评节目。换句话说，主持人节目与非主持人节目的区别在于，主持人节目是人格化的，观众获得的是双重信息，不仅有节目内容本身，还有主持人自身表现出来的气质、人格、魅力等。

节目主持人实际上起的是节目内容与观众之间的桥梁作用，是一种"信息载体"。但主持人这一"载体"与传统的信息载体——诸如书籍、报纸、广播播音员等——截然不同。人作为创造力、生产力中最活跃的因素，作为直接的信息载体时，这信息便具有了主持人的气息，被人格化了。在这里，信息的传递与节目主持人这

一"活"的信息载体合而为一，使信息也带上了感情，与主持人的形象魅力、言行举止一起传送出来。传递的信息"人"化了，人格化了。这种人格化程度是与每一位节目主持人的个性魅力相一致的。

节目主持人不是一般性质的信息处理传播器，而是富有感情和魅力的。这种感情和魅力与传播的"客观"的节目内容相结合，使之带上主持人的强烈个性，从而人格化，从而由僵死的信息变得活跃、富有生气、富有人的灵气，从而更利于信息的传播。

节目主持人的意义就在于，他充分发挥自己的个性魅力，"激活""缺乏"生命力的信息，把自己的"人的因素"注入给"非人"的信息。这样，"人格化"的信息就能很容易地与观众交流。

节目主持人千姿百态的个性赋予相同内容信息以千姿百态的"人格"，其中个性的有无魅力也就决定了这"人格化"了的节目能否吸引观众、深入观众心中。所以，主持人是一个栏目、一个节目的极重要因素，因为他决定着传递的信息内容的"人格"。发达国家对一流主持人的争夺、重视是必然的，他们认为：主持人作为明星，可以最大限度地激起观众的狂热；作为朋友，可以最大限度地与观众亲和；作为权威，可以最大限度地取得观众信赖；作为社会代言人，可以最大限度地获得观众好感。节目主持人的人格化传播特征就体现在，主持人可以赋予栏目以"明星人格"、"朋友人格"、"权威人格"、"社会代言人人格"等。

二、对象化传播

节目主持人的另一重要特征是对象化传播。

关注受众是当代流行的美学思潮。第二次世界大战后，"信息论美学"、"接受美学"、"传播学"等相继兴起，人们几乎公认传播与接受是一个完整过程的两个部分，强调把读者、听众、观众等受传者放到重要位置上。确认任何作品本身只具有势能，而这个势能只有通过接受才能转化为动能，作品的价值是创作意识与接受意识共同作用的结果。广播电视是最具威力的大众传媒，但传统的播报方式具有单方面性质。关注受众的最有效方式，是面对面交流。经过长时间尝试、探索，人们找到了节目主持人这一有效方式。事实上，电视栏目化与节目主持人都是传播对象化的产物。

节目主持人对象化传播主要表现在主持人与观众的亲近性、双向交流。主持人笑容可掬，说话亲切自然像朋友聊天，服装衣着生活化，这一切使节目主持人与以前的电视播音员迥然相异，消除了与观众的距离感，也消除了电视主持人的神秘性，主持人贴近生活、贴近观众，得到了观众的信任。亲近性还表现在主持人的一言一行都适度，不做作，不"甜言蜜语"，少人工雕琢，质朴无华。节目主持人与观众的亲近性应当出自真心，是真实情感的自然流露。这就要求主持人必须有较好的思想、文化修养，能真正与观众打成一片，与观众心连心，成为观众的知心朋友。

双向交流是电视传播史上的重大变革，节目主持人是达到这一目的的最佳手段。双向交流对人们相互了解、对人类进步有重要意义。只有在双向交流中，才能更加准确、真实地理解对方。双向交流的最大优点在于可以看到信息发出后的反映，即在交流中获得反馈信息，从而及时调整、校正传输信息，使之有目的性、针对性。从反馈中，不仅可以改变以后传输内容与形式，而且使不适宜、不易被理解的内容得到修订、完善。双向交流打破了传统的片面传播模式，采取了对观众的极大尊重方式，征询观众意见，注重传播效果，而不是"武断"地置观众接受与否不顾。

节目主持人与电视栏目是相伴而生的，栏目是节目主持人的舞台，而栏目化的重要特征就是对象化。综观电视屏幕，电视栏目的对象性可谓一清二楚，《人民子弟兵》、《半边天》、《夕阳红》、《十二演播室》、《第二起跑线》、《相识伊甸园》……电视栏目的对象化，当然要求其主持人必须对象化传播。

第三节　节目主持人的素质

日常生活中，常常听到人们说"某主持人素质不错"或"某主持人素质太差"，那么，一个电视节目主持人到底应具备怎样的素质呢？

从狭义上讲，素质是指人的神经系统和感觉器官上的先天特点，即天分、天赋、天资等。这种素质只是一方面。我们认为，不管对哪种职业来说，后天训练获得的素质更加重要，对主持人也一样。

前苏联美学家鲍列夫在《美学》一书中曾这样描绘他心目中的电视节目主持人形象："理想的电视节目主持人应是姿态活泼、'不带框框'和'未经训练'的人……电视艺术家应该一身兼有演员、记者、导演的素质，具有迷人的风度、渊博的学识、轻松自然的交际风度、敏锐的反应能力、机智、风趣、即兴表演的才能以及公众热情和宣传鼓动能力……"

一个理想的电视节目主持人，其素质要求是很高的，并非人人都可以做。电视传播，不仅传播信息，而且是一种艺术创造。节目主持人一边传递节目内容，同时也以自身的魅力、修养在塑造美的形象。因此，人格美、渊博的知识、迷人的风采是一个节目主持人最重要的素质。鲁迅先生曾说过："从水管里流出的是水，从血管里流出的是血。"只有自身拥有较高的素质，一个节目主持人在节目中才可能有出色的表现。一位艺术老师曾对他的学生们说："艺术创作是美的创造，首先，应问问：作为创作者，我们自己美不美？"语言浅显，却深含哲理，更有老师的谆谆厚意。这句话同样适应节目主持人，它可以时刻让主持人注意自己的素质修养。

具体说来，一个节目主持人应具备如下一些素质。

一、高度的政治责任感

这是节目主持人社会责任感的集中体现。政治是上层建筑中的决定性因素，节目主持人作为公众形象，必须具有良好的政治素养。电视是威力巨大的传播媒介，其影响力远非其他传媒可比。节目主持人出现在电视屏幕上，一方面代表着自己，另一方面代表着整个电视台，像中央电视台、各省台则直接代表着国家和我们党的形象。如果一个主持人缺乏高度的社会责任感，缺乏应有的政治水准，其消极作用将是难以估计的。政治责任感就是要对整个社会的安定、团结、繁荣负责，对广大电视观众负责。

二、优良的道德品质

前面我们已经说过，节目主持人的特征是人格化传播和对象化传播，主持人的一言一行都影响着观众，只有具备美的人格、优良的道德作风，才能被观众认可。这一方面表现在主持人的职业道德，能够吃苦耐劳，热爱自己的工作，并具有竞争、积极进取的精神。另一方面是能与观众以朋友相待，不高高在上，不自以为是，能平等待人。美国广播公司（ABC）著名电视评论员大卫·希林克利谈到他的体会时曾这样说："要把自己看成是观众中的一员，评论员绝不能有傲慢之态……也最忌带有教训人的口气，观众是'上帝'，失去了观众，节目办得再好，也等于零。"主持人应该真诚、热情、亲切、礼貌。大凡优秀的节目主持人都具有高尚的道德情操，像沈力就是典型的例子。

三、广博的学识

尽管电视屏幕上晃动的依然是漂亮脸蛋居多，但人们几乎已经形成共识：一个节目主持人的外表亮丽当然最好，但更重要的却是他的内在素质，是否能在节目中旁征博引，给节目以厚度、质量。我们常常为某些主持人即兴主持时能妙语联珠而喝彩，殊不知，这些都不是一时的小聪明，而是渊博知识的自然流露。古人写诗有"长期积累，偶尔得之"之说，主持人的许多临场妙招，都是平时积累的结果。灵感是存在的，但灵感只产生于有知识基础的头脑中，这犹如机遇只被有准备的人抓住一样。一段优美的旋律绝不会飘荡在一个音盲的耳中。

节目主持人天天要做新的节目，涉及面很广，虽不可能成为全能的专家，但知识面要广，古今中外、社会科学和自然科学都应懂得或了解。丰厚的知识是一个主持人充满自信的有力保证，"心中有货"、"胸有成竹"，才可能临场不慌，侃侃而谈。一位著名的电影演员当年主持《世界电影之林》之所以失败，就在于她把主持人与表演混为一谈、行为举止太随意、太过分注重自己的魅力。但这只是原因的一部分，最根本的原因还是她电影知识的贫乏，不具备一个电影理论家的素质。所以，在这样一个本该精彩无比的节目中，她却不知所措，讲不出东西来，有时甚至显得紧张。

今天，电视正成为一种新的文化代表。但由于当今不少电视从业人员知识水平偏低，因此，电视文化颇遭非议。节目主持人，应首先扩大自己的知识面，提高个人素质，从而使主持的节目质量上升，达到提高整个电视文化的目的。

四、创造力

一个节目主持人要出类拔萃，创造力是十分重要的素质。创造力意味着创新、开拓，展现全新的世界。我们的世界正因为不断创造，才五彩缤纷，才不断进步。

当代著名心理学家西尔瓦诺·阿瑞提指出，具有创造力的人在认识方式和感受方式方面有惊人的相似。他在《创造的秘密》中说："他们都趋向于新的、不熟悉的事物，或者以新方式来对旧材料加以重新组织，并且承认他们渴望进行这种重新组织。"

舒乙在《评判归来》（载《话说节目主持人》）一文中曾谈道："节目主持人最重要的品质应该是他的内部因素，其中首推创造性。谁具有高超的创造才能，谁就能成为优秀的节目主持人。"在1988年的"如意杯"主持人评选活动中，业余组"第一名"章国征有一副可爱的相貌，本人很会打扮，一上台就给人一种高雅稳重大方的印象。她的背景布置简单而有气势，放大的淡色的毕加索头像上方挂着一件素白的现代派雕塑作品——用自行车车架和车座做的牛头，第一眼看上去，就觉得这个姑娘的调子很高，可谓出手不凡。她示范的几件小制作件件都有灵气，尤其是用破边草帽做的壁挂狮头令人拍手称绝。她是以自己创造性的制作，以自己的智慧，以自己的聪明灵巧而技压群芳独占鳌头的。评委们一致给予她高分。

智慧来自于知识，创造力需要的是智慧。广博的知识是基础，创造力则可以说是一个主持人综合素质的体现，最足以显示一个人的才华。创造力表现为独特的风格，新颖的立意，深刻而独到的见解。像沃尔特斯的名人专访就独树一帜，从而成为美国首屈一指的名人专访权威。克朗凯特在选材上很有独创性，涉猎的几乎都是重大题材，如越战、宇宙、航天飞机、人类环境保护等。

五、魅力

魅力是一种可意会不可言传的力量。一个优秀的节目主持人应该有吸引观众的魅力。主持人是一个栏目、一个节目的象征，如果主持人缺乏吸引力，甚至观众一看到主持人就摇头，那么，节目肯定失败。很多情况下，观众是喜欢某个主持人才去看某个节目的。

魅力尽管难以言表，但也并非玄而又玄，它是由许多因素构成的。漂亮的外貌、高雅的品格、坦荡的襟怀、深邃的智慧、流利的口才、优美的声音、端庄的仪态、稳重的举止、潇洒的风度、独特的风格等，都是构成魅力的因素。

应该说，在可能的情况下，应让主持人漂亮一些。毋庸讳言，人人都有爱美天

性，而外貌是第一印象。如果主持人容貌姣好、身材出众，当然会给人以赏心悦目的感觉。古语，也有"秀色可餐"之说嘛。

但是，与外貌漂亮相比，主持人的魅力更决定于其内在气质、学识。有些漂亮主持人看着还可以，一开口说话就露出其粗俗不堪、浅薄的一面，原来的"美"也就消失了。托尔斯泰说："人并不因为美丽才可爱，而是因为可爱才美丽。"一个人的内在气质、学识是根本的魅力所在，也是持久的魅力。

一个主持人的魅力是主持人诸种素质互相融合而成的一种特质，有些人脸蛋漂亮，有些人经纶满腹，却依然不能吸引观众。这就要求我们的主持人要全面加强自己的修养，特别是加强内在气质、个性风格的塑造。只有独特的气质和个性才可能给观众耳目一新之感，才有吸引观众的魅力。

第四节 主持人的主体行为

电视节目主持人在节目中是通过自己的言语行为与非言语行为，即主体行为，来传播节目信息，证实自己个性风格的。也就是说，节目主持人以言语行为与非言语行为作为表情达意的手段。

一、言语行为

言语行为是节目主持人最主要的传播手段，主要指主持人的口头语言，以语言符号为媒介。语言是人类传播符号中最重要、最系统、最复杂、应用最广的一种。人类不仅用它指说具体事物，而且指说抽象概念。

尽管人们纷纷强调电视画面的第一性特征，可是，仔细看一看，却会发现，在电视绝大多数片种、类型中，说话的分量要大得多，在专栏、评论节目中则更显出这一特色。

不管哪种类型的节目主持人都离不开说话，离不开用语言来表达意思。口头语言是主持人表达节目内容的最重要、最直接的手段，也是反映主持人个性和才华的重要方面。说话既可以反映出主持人的外部形态，又可以反映出主持人的内在素质，除了外貌，主持人的气质、学识以及表达能力都会从他嘴里表露出来。因此，每一个主持人都必须具备较强的口头语言表达能力。

口齿伶俐、咬字清楚，这是基本的要求。为了让观众听得明白，还应注意语言的规范化，除了特殊场合，一般情况下不要使用方言。虽然要求生活化、大众化，但电视屏幕上的主持人节目，毕竟不是照搬生活，适当的语言规范是必须的。

在此基础上，要讲究语言逻辑，运用语言技巧准确地反映节目的思想、主旨，或井井有条地讲述一件事。语言逻辑主要注意以下几个方面：正确的语法结构，因

153

为语法结构是思维逻辑合乎规律的表现；准确确定和表达语句重音；正确掌握语言层次发展。语言逻辑清晰，不仅反映出主持人掌握语言的能力，也是主持人理解事物能力的表现。

节目主持人形式是人格化传播，因此，主持人语言应该具有个性特色，充分性格化，能表现主持人的修养、能力、气度和性格等个性心理特征。比如沈力的语言给人亲切、热情之感，赵忠祥则稳重、平和。人格化传播的一个重要特征是情感色彩，主持人语言还必须注意语调处理。说话的声音高低、轻重、长短、快慢、停顿等语言技巧要适当，符合现场气氛，符合身份，或热情或严肃，必须与节目内容一致。当主持人恰当地运用好语调时，能极好地注入主持人的情感，更易于与观众沟通、交流。像宋世雄的体育报道，个性特色都是从他快节奏、高嗓音中体现出来的。他报道中日女排赛时，语调的起伏变化，显示出他作为中国人，为中国女排的胜利而激动、骄傲的心理，同时也感染了观众。

此外，主持人语言应该生动、活泼，富有幽默感。这不仅显露出主持人的聪明才智与随机应变能力，而且可以活跃气氛，让观众更好地参与到节目中来。"北京—波恩之夜"电视联欢晚会开始时，主持人说："今晚是一场很不寻常的演出，我们中央电视台和联邦德国电视台的同事共同架起了一座13000公里的桥梁，把两个国家联结在一起。""这就是说，这个节目不仅要给中国观众带来愉快，也要使联邦德国的观众得到满足。""联邦德国有一道名菜，叫做'烧蹄髈'，而北京烤鸭更是驰名全球了，我们这个节目就好像把两道菜摆在一张餐桌上，请大家品尝。"两位主持人这番含蓄、幽默的话，顿时激起了在场观众热烈的情绪，为节目开了个好头。

叶惠贤曾谈到他主持的一次家庭演唱大赛中的插曲。一位女婿扶着丈母娘出场参赛，表现出一种十分融洽的亲情。谁知女婿把预定曲子临时改成了《再见吧，妈妈》。这一下打乱了叶惠贤原先的准备，他马上下意识地打趣说："嗳，这就是你的不对喽，可不能有了好丈母娘，就再见了妈妈。"等演唱完，叶惠贤又接过话筒补充说："看来你对妈妈还是很有感情的，好！"既准确揭示了歌的内涵，又完善了前后的即兴插语。既有生动的生活情趣，又有较深的蕴涵，使现场气氛更加活跃。

主持人还须注意语言精练、简洁，长话短说，切忌啰啰嗦嗦，拖泥带水，半天不切入正题，只有"山重水复"，不见"柳暗花明"，令观众费解、心烦。

当今不少主持人说话时随随便便，不考虑环境，不注意场合，或说一些与自己主持人身份不符合的话，说一些浅薄的话，对节目、对自身形象都产生不利影响。主持人语言是一门专门的学问，主持人必须努力钻研。更重要的，主持人要加强自身人格、道德品质、知识等方面修养，所谓"言为心声"，如果腹中空空，仅有华丽的辞藻，终究也只是华而不实、言之无物。

二、非言语行为

观众不仅从节目主持人的言语行为中获得信息，而且从非言语行为中感受到主持人的个性风格。

非言语行为指用非语言符号来传递信息。施拉姆说："非语言符号是指语言、文字、图画以外的可以通过视觉、听觉、触觉、嗅觉感觉到的姿势、音容、笑貌、气味、颜色等概念的总称。"非语言符号存在于有人活动的任何地方。行为科学家以及非语言学家的研究成果表明，在人类的沟通方法中，大多数是通过手势、姿态、位置和距离来实现的。美国路易斯维尔大学教授雷·伯威泰尔的研究说明，人们在面对面的谈话交流中，语言的部分占不到 35%，而非语言部分则超过 65%。

这些都告诉我们，非语言符号带给观众的信息量很大，节目主持人在用语言传播时，千万不能忘记了自己同时也在进行着非语言传播，即用自己有意与无意的非言语行为展示着自我。

主持人的非言语行为可分为动态行为与静态行为两大类。动态行为包括主持人的形体动作、姿势、神情、音容笑貌等。《诗经·大序》中说："情动于中而形于言，言之不足，故嗟叹之；嗟叹之不足，故咏歌之；咏歌之不足，故手之舞之，足之蹈之也。"人的言与行都是内心思想、情感的反映。所谓"眼睛是心灵的窗户"，眼神和面部表情最明显地表现出主持人的内心情绪，或热情饱满，或无精打采，心不在焉。在身体各部位中，手的表情作用也很大，仅次于脸，被称作"人的第二张脸"。其他如站姿、坐相、步态，无不透出一个人的性格、气质信息。

静态行为主要指主持人的着装打扮。服饰穿着反映了一个人的爱好、情趣、修养。在电视屏幕上，主持人因不同类型有不同种类的着装，大致有四种：优雅型、自然型、效果型、真实型。对专栏节目主持人、新闻专题主持人来说，以自然型、真实型为主。效果型一般只用在正式的文艺晚会主持人中。专栏节目中，优雅型也多用。在着装时，主持人还须根据自身特点量体裁衣，合理搭配，不要看到别人穿着好看便以为自己穿上也必定好看。

不管动态行为还是静态行为，都必须与节目内容协调，与所处环境一致。比如儿童节目可以活泼，老年人节目就不能活蹦乱跳，否则别人会以为你故作天真状，让人反感。又如记者到农村采访，面对皮肤黝黑的老农，你却"穿金戴银"，一顶漂亮的帽子，再加上一串闪闪发光的项链，反差极大，双方难以进入谈话氛围。一般说来，主持人动作不宜幅度过大，衣着色彩也宜淡不宜艳，以自然、大方、得体、贴近生活为好。否则会给人夸张、造作的感觉。

非言语行为与言语行为同时为主持人所拥有，其作用是双重的：一方面可以补充、加强言语行为，达到"言行一致"、"言行并茂"的效果；另一方面，如果非言语行为不当，则减损言语行为的影响，或者二者互相矛盾，南辕北辙。因此，节目主持人应充分掌握二者的特征、优点，巧妙地运用。

第五节　非角色表演

电视节目主持人在节目中以个人身份出场，或传播信息，或串联节目，或发表评论，通过显示自我来表达节目内容。主持人的这种工作方式是什么性质的工作？是表演还是非表演？主持人需不需要表演？这是曾经在电视界引起较大争论的问题，至今没有完全达到统一，但多数人倾向于"主持人是非角色表演"的观点。

不同意或不主张主持人表演的论点主要有：

主持人不是演员，无需表演；

主持人在节目中表演就是虚假，与真实相背，是对自我的否定，对自我形象的瓦解；

表演以非自我为目标，表演出来的形象，是非自我的；

主持人在节目中不同于生活中的本人，这不是表演，而是社会行为的自我调节；

…………

需要说明的是，"表演"一词具有广义与狭义的理解。狭义指艺术表演，特别是电影、戏剧、电视剧中的人物角色扮演。广义的表演意义很宽广，比如演讲、演说。从社会学角度来看，任何人都在社会中扮演一定的社会角色，或教师，或父亲，或某官职，或工人，或农民，等等。而且，同一人也在不断变换自己的角色，在家中是儿子，在社会上是模范青年，在单位上是业务骨干……

因此，从社会学角度来说，节目主持人像社会中任何一个人一样，他扮演着主持人这一角色，他是表演者。

当我们再看看主持人的"表演"场景时就会发现，主持人的表演更接近艺术表演。节目主持人是一项特殊的职业，它与社会上一般职业并不一样，这决定于其工作环境。尽管一般人也生活、工作在一定环境中，诸如教师、工人等，但他们在其工作与生活中表演的成分要少得多。但即使是电视纪实形象，经过多重假定之后，已难与本身合一，何况主持人还天天处在变化的"规定情景"之中？就拿客观性较强的新闻类专题《焦点访谈》、《生活空间》来看，主持人今天为一个人的不幸而表示同情，明天为某个地方出现非法行为而呼吁法制，后天则可能为社会上出现新人新事而喜悦。毫无疑问，同一个主持人在主持这两个节目时，如果想公正、客观，同时表现出主持人个性，即发表主持人自己的看法，那么，这三天里，主持人的三个形象不会同一，反差很大，今天是同情神态，明天是愤慨神态，后天则是高兴神态。在这一过程中，主持人是应该有"表演"成分的。因为主持人不仅仅属于自己，还属于电视台，属于公众。

更明显的例子，人人恐怕都有体会。任何人一旦被摄像机对准时，他的神情马上就改变了，要么不自然起来，要么开始紧张，要么小心谨慎开始琢磨怎样说得"冠冕堂皇"一些，要么就抬头挺胸一本正经……这时，人人都在"表演"，而这"表演"已绝非在社会中扮演社会角色，已向"艺术表演"靠近。主持人的行为很类似，只因长期训练，不会感到不自然，但心中依然"紧张"，在提醒自己：千万别出错，否则就丢脸了，我必须更加镇定、从容一些！心理是一样的。

节目主持人与社会一般职业角色扮演不同之处在于：节目主持人知道自己时刻被摄像机"盯"着，也就是说，只要在主持节目的时间里，他就不仅仅是自己的，还必须而且更主要是观众的。而在社会职业中，人们则不必时时刻刻都在乎别人。

可见，由于摄像机和观众的"期待"，节目主持人肯定是表演的。但这种表演又与艺术中演员的表演不一样，而是"非角色表演"，无需去塑造一个新的非主持人自己的角色，主持人依然是主持人。美国有本《电视表演》，论及"无角色表演"时有这样一段话："电视不像戏剧，一般不要求表演者展现某一特定角色。作为信息和娱乐媒介，许多电视节目要求的是'人物'而不是演员。一个人物化的表演者可以是采访谈话节目的主持人、新闻广播员、故事讲述者、演讲者，演员是创造各种性格类型的表演者，多少总要有点不同于自我。而人物化的表演者给人的印象则是他们在摄像机前后都一样，他们不是塑造角色，而是表现真实的自我。"作者所谓"人物化"即指屏幕上主持人不变的形象，非角色，是主持人自己。

这样一来，我们便可以理解了，主持人的"非角色表演"实际上包含两层意义：第一，与现实生活相比较，主持人是要"表演"的，电视本身便是"多重假定的真实"，何况主持人时常处于不同的节目内容的"规定情景"中。第二，与真正的艺术表演相比，主持人的表演又是"非角色"的，主持人依然是自己，即使是自己的多面，而没有去创造新的非自我的角色。

主持人这一特殊的工作性质，令主持人行为处于生活"原生态"与艺术表演之间，其间的分寸便需主持人自己去体会、实践、掌握了。如果太生活化，似乎难以激起观众的热情，如果过分表演，又与专栏、与节目的真实性相背离。对主持一些情感色彩较浓的节目的主持人，关于这一点，似乎就更难以把握其中尺度了。但不管怎样，主持人应记住自己是"非角色表演"，既要投入，又要保持距离。

著名评论家童道明在评论1995年春节联欢晚会时，称颂倪萍较好地掌握了主持人"表演"的界限。在主持《看看母亲河——不朽的黄河》这一极富情感的节目时，神情、举止很适度，不再像以前那样总是"激情满怀"、"心花怒放"。他认为，主持人的激情有别于影视剧演员的忘我投入——实际上演员也过着"第一自我"与"第二自我"的双重生活，需要投入，但更需要"间离"与"超越"；既要点燃情

157

感之火，又能控制不使之泛滥，从而引向理性积淀。主持人应该既是"纵火者"，又是"灭火者"。

"纵火者"在表演，"非角色"的自我却清醒着。

最后要说明的是，由于电视的公众性，节目主持人无疑也是一种公众形象，自我要受到一定限制，因而具备"非角色表演"特征。但是，根据节目内容、性质、对象的不同，对主持人的要求也就不一样，在"非角色表演"上，其"表演"的成分也相差颇大。相比较而言，新闻性节目主持人，应该减少"表演"痕迹，尽量客观；综艺性节目主持人则可多"表演"一些，以与文艺相融；专栏节目主持人因内容、对象千差万别，其"非角色表演"因之而变化，如少儿节目尽可夸张地"表演"，其他如老人节目、军人节目、经济节目、体育节目等的主持人，"表演"成分就小得多。总的来说，因为专题节目以真人真事为基础，所以，尽管有"表演"，但这种"表演"是广义的；对一个专题节目主持人而言，应多保持本色与个性，不能与狭义的文艺表演混为一谈，不应去追求文艺性表演。

第六节　主持人的风格

节目主持人的风格，是指主持人在多个或多种节目中表现出来的一种带有稳定性的个性特征。主持人的风格直接影响到节目的风格，关系到电视节目的传播效果。

一、独特风格的形成

不管愿意与否，只要主持人主持节目，在屏幕上出现，那么，通过他的言语行为与非言语行为，观众总会感到某种个性化的语言、个性化的举止，即某种特定的风格。

一个主持人的风格是由多种因素促成的，包括他所特有的思想情感、个人气质、生活经验、审美理想以及时代与环境氛围等，而尤以主持人的个性影响最为明显。

大致说来，节目主持人的独特风格可集中体现为如下几个方面的有机结合：(1) 主持人的气质；(2) 主持人观察生活和选择题材的独特视角；(3) 主持人对生活的独特见解和态度；(4) 主持人的个人审美趣味、审美理想、思想情感；(5) 主持人表达的习惯方式，主要指个性化的语言与行为。

气质是心理学名词，表现在一个人各种行为的活动方式中，与生理的先天特性关系密切，但又受后天生活实践和环境的影响。气质概指精神面貌，反映个性特征，带有性格的色彩。巴甫洛夫认为气质是高级神经活动类型特点在人的行为中的表现，他提出四种基本的高级神经活动类型：兴奋型、活泼型、安静型、抑制型，并且指出纯粹的类型极少，一般都是混合类型。

气质是人的典型的、稳定的心理特征，它表现为人的心理活动的动力方面的特点。主要反映在情绪体验中的强或弱，思维的快或慢，动作的灵敏或迟钝，行为表现的明显或隐匿，以及语言的速度和节奏等。气质不是有形之物，但给人的整个心理活动的表现涂上了鲜明的个人色彩，从而给节目主持人独特的风格以很大影响。正由于主持人个人气质的不同，所以，他们在节目中便表现出或者活泼、或者文静、或者快言快语思维敏捷、或者沉稳持重慢慢道来等各具特色的风格。

节目主持人以独特的视角观察世界、认识世界，选择与众不同的题材，产生自己别具一格的见解，表达自己与世人迥异的对生活的态度，是主持人风格的比较明显的体现。比如克朗凯特喜欢反映重大题材，诸如战争、宇宙航天、环境保护等；芭芭拉·沃尔特斯专访名人；克朗凯特赴越南战场后提出自己的独到见解，"宣布"美国的失败。独特的题材与见解塑造了他们的独特风格。

风格既然是主持人的个性特征的反映，独创的、非大众化的视角、观点自然会在众多同类中脱颖而出，独领风骚。

主持人个人的审美趣味、审美理想等对该主持人风格的形成也有很大影响。有的人崇尚自然，其主持风格便质朴无华，"天然去雕饰"；有的人好温馨，其主持风格便充满浪漫情调；有的人以雄壮、瑰丽为美，其风格便透出阳刚之气，有如高山、大海；有的人以秀丽、纤柔为美，其风格则给人"杏花春雨江南"的感觉。

语言表达是主持人赖以运用的重要手段，也是主持人风格的一个组成要素。语言是思维的物质外壳，主持人的语言表达反映出该主持人的思维方式、知识、品德修养、内在气质、思想情感等。每个主持人都有自己的个性语言，并在主持节目时，不可避免地显现出不同的个性差异，从而造就了主持人的不同风格。主持人的个性语言越鲜明越突出，就越能表现出特殊的魅力和感染力。倪萍的语言是热情的，赵忠祥的语言是平和的，沈力的语言则是亲切的。

二、风格与栏目

主持人的风格形成受到节目内容与形式的制约。比如鞠萍主持少儿节目，她那种亲切、自然、活泼、热忱的主持风格是与《七巧板》的主旨相一致的。水均益主持《焦点访谈》，他的敏锐、严谨是适宜的。宋世雄、孙正平的播报风格，快节奏、高嗓门，与体育比赛中竞争激烈的节奏统一。赵忠祥的不慌不忙、不快不慢的风格，也和《人与自然》栏目要表现安宁祥和、和睦融洽的世界的意旨相协调。如果他们之间互相调换一下主持，结果一定令人啼笑皆非。杨澜曾说，她与《正大综艺》很合拍，假如当初她与倪萍换一下栏目，恐怕情景就远非后来的样子。

节目主持人影响着栏目的风格，反过来，栏目内容与形式也制约、规范着主持人的风格。主持人风格的最终形成，是主持人自身个性与栏目内容、形式共同融汇的结果。

主持人风格还受到时代条件影响。任何人生活在一定时代，他的言行、思想、审美趣味等总会烙上时代环境的印记。主持人风格也不例外。最明显的是，今天的节目主持人与以前大不一样，已从单一的传播模式走向双向交流，变居高临下的播讲为平等交流，把观众放在重要位置。这就是随着接受美学思潮而发生的主持人风格变化。

三、风格的多样性

风格具有多样性。

一方面，主持人会主持各种内容的节目，甚至类型相去甚远的节目。这些不同性质、不同种类的节目，会对其自身的表现形态提出不同的要求，这就决定了节目主持人的风格必定是多样的。

另一方面，从主持人主观因素来看，他可能在这个节目中表现出活泼的气质，在另一个节目中则表现出严肃、安静的气质，因为世界上没有只有一种绝对气质的人。而且，主持人的知识修养、道德情操、审美情趣会不断变化，也影响着风格的多样性。

一个主持人风格的多样性表明了其适应能力，即所谓可塑性。但是，这种多样性又显示出一致性。"万变不离其宗"，纵然有七十二个化身，其内核依旧是孙悟空自己，这是决定性的。在多样的风格中，体现出主持人个性的方方面面，但主持人自身最主要的个性特征一定贯穿在每一个多样的风格中，只是其表现形式可能是隐蔽一些或者显露一些，这是主持人自身存在的质的规定性所决定的。

主持人风格是多样与一致的统一。须注意的是，不要因为风格的多样性就以为自己可以成功地主持各种不同类型的节目，以为主持人可以当"万金油"使用。对一个主持人来说，最重要的是找准自己的风格，发现自己最有潜力、最符合自身条件的风格。否则，东一榔头，西一棒子，以为自己是"影、视、歌"全方位人才，结果，"多样性"风格便等于没有风格了。

第七节　主持人的发展方向

电视媒介经过几十年的实践探索，已经证明：电视节目以主持人的形式进行传播，效果最佳。节目主持人作为活生生的人，与观众面对面交流，其表情、眼神、动作都含有一种信息、一种情感，拉近了与观众的距离。再加上主持人的个性、魅力、风格、才智等，使这种传播形式具有人情味和艺术化色彩。

随着电视节目的日渐成熟，节目已纷纷栏目化，这必然导致对固定节目主持人的大量需求。节目主持人与栏目是"共荣互存"的关系，主持人成为电视栏目的化

身。当观众见到某个主持人出现在屏幕上时，他们就会自然地想到某个栏目，比如朱军与《艺术人生》，王小丫与《开心辞典》，李咏与《幸运52》，毕福剑与《星光大道》。主持人的形象与栏目的形象合二为一，主持人的魅力大小关系到电视栏目的成败。

主持人在节目中的特殊地位要求主持人必须具备较高的素质。就我国目前来看，从中央电视台到各省台、市级台，已有各种类型的专职主持人在主持节目，主持人形式已被广大群众所喜欢和接受。但在这种快速发展的背后，我们也看到一些较为严峻的问题，那就是，在我国的电视屏幕上，缺少世界级的极具个性魅力的"明星主持人"。节目中出现的更多是表现平平、似乎人人都可以代替的没有个性特征的主持人。这不能不影响节目质量的提高。对此，不少专家、学者已撰文商讨，并指出了发展方向。

一、采编播合一

采编播合一，即节目主持人参与节目采制、编辑、播出等全过程。

采编播合一是目前主持人工作方式中的一种，另有编播合作、采编播分离等方式。从总体来看，后两者占据主导，采编播合一形式的主持人并不多。这不仅因为沿袭历史传统，更由于采编播合一形式要求很高，并非任何主持人都能做到。

采编播合一的主持人必须具备这样的条件：较高的政治素质和组织能力，熟悉电视制作业务（包括采编导、镜头选择、场景调度、切割合成等），良好的文化素养，播音的专业知识和能力，等等。采编播合一的节目主持人，其工作是一项难度较大的专门业务，是多项电视业务的综合和统一。也即说，对电视采访、撰稿、编辑、导演、播音的工作，他都拿得起来。

采编播合一要求节目主持人是栏目的主宰，是节目主编。举凡栏目的方针、任务，直至节目选题、图像、文稿，都应由他决定，并经他的演播与观众见面。主持人对节目的主宰作用不仅表现在选题及内容的确定，还要他熟悉每一处细节，能面向观众侃侃而谈，如数家珍，似倾肺腑，亲切自然，而不是死记硬背，或者眼盯提示器，机械地照本宣科。倘若主持人之上还有编导指挥，主持人的能动作用就难以发挥，不可避免地要按照编导的意图表演或播讲，成为传话筒。这样的结果，与传统的播音员相差不大。

采编播合一使主持人与专栏、与节目完整地相融在一起，参与节目制作的全过程，熟知每一处细枝末节，主持起来就得心应手。采编播合一使主持人对节目有自己的真实体会，有自己的见解。这样，才可能更好地形成主持人自己的风格。沈力是集采、编、播于一体的著名主持人，她的《为您服务》能赢得观众喜爱，正因为她从头至尾，都是节目的"主宰"和"灵魂"，在节目中充分展示出自己的独特个性。她曾说："只有参与节目才能获得掌握节目的主动权，才能驾驭节目，也才有可能表现出主持人的个性。……主持人应该根据栏目（或节目）内容的需要，拿出自己的见解，根据自己的感受和习惯，讲自己的话，这样，才有可能形成自己的风格。重复他人的稿件是很难体现出鲜明的个性色彩的。"（沈力：《谈主持人的个性形成》，选自《话说节目主持人》）

当然，就当今我国电视台体制来看，采编播合一的主持人形式还不容易全面施行。但一些栏目已逐渐向这种方向发展，尤其是新闻栏目，由电视记者出镜主持，已取得一定成效。

二、"专家型"主持人

电视要成为一种高品位文化的载体，节目主持人应起相当的作用。只有当节目主持人表现出较高文化品位时，电视节目的文化品位才可能提高。在今日电视文化水平普遍偏低的时候，节目主持人的意义更为巨大。

随着社会的发展，观众知识水平、审美水平都在上升。如果节目主持人知识贫乏，一出口便显露浅薄，便会失去观众。像当初一位演员主持《世界电影之林》，由于缺乏电影理论家的学者、专家素养，主持起来捉襟见肘，"表现出一种作为演员不应有的紧张，甚至手足无措"，观众也不会因为她的著名而不指出她的失败。这告诉我们的主持人，千万不要把电视观众当作只是"穿开裆裤的愚童"。

除了电视作为新的文化代表、观众文化水平提高对主持人提出了向专家型、知识型发展外，广博的知识也是节目主持人自身素质的重要组成，是其自信心的有力保证，是主持人保持持久魅力的前提。

大凡著名主持人都兼有学者素养，克朗凯特对美国历史、新闻学等很精通。法国二台《新书对话》主持人贝尔纳·比沃则更是权威文学评论家，在知识界享有很高威望。像我国的宋世雄，是绝对的体育专家。

在知识天天更新的时代，要求节目主持人都做到"百科全书"式人物，已不现实。"专家型"、"学者型"主持人是指在有相对渊博的百科知识基础上，对某一门类，对自己主持的栏目所涉及的知识要精通，成为这一专业的专家、学者。只有这样，主持人的权威才能确立，才能吸引观众，也才会有魅力。

当电视栏目越来越细，越来越对象化时，对"专家型"、"学者型"主持人的要求也就越来越迫切。不懂经济，不懂军事，不懂历史，不懂科学，是不可能去主持相应的栏目与节目的。鉴于目前职业主持人大多来自于播音员和文艺团体，许多专业知识强的栏目可请社会上有关专家、学者来主持，既输入新鲜血液，又提高节目质量与品位。不少电视台正在这样做，反应也较好。

电视节目主持人是一门年轻的学科，正越来越显示出自己的生命力。由于"人"这一最活跃的因素的引进和运用，其潜力是无穷的，相信它能给电视栏目、节目一个灿烂的明天！

本章思考与练习题

1. 如何理解主持人的人格化传播特征?

2. 一个优秀主持人需要哪些素质?

3. 举例分析主持人的行为方式。

4. 你如何理解主持人的"非角色表演"?

5. 主持人的风格受哪些因素影响?

参考书目

《中国应用电视学》　北师大出版社

《中国电视专题节目界定——研讨论文集锦》　杨伟光主编

《电视专题论集》　朱景和主编

《中国电视艺术发展史》　钟艺兵主编

《电视新闻分类与界定》　杨伟光主编

《电视专题片创作》　高鑫

《电视艺术概论》　高鑫

《导演术基础》　张骏祥

《审美谈》　王朝闻

《文艺美学》　胡径之

《电影是什么》　安德烈·巴赞

《电影语言》　马赛尔·马尔丹

《美学》　鲍列夫

《艺术原理》　乔治·科林伍德

《抽象与移情》　沃林格

《传播学概论》　马歇尔·麦克卢汉

《了解传播媒介》　马歇尔·麦克卢汉

《电影美学》　贝拉·巴拉兹

《论电影艺术》　欧·林格伦

《话说节目主持人》　文化艺术出版社

《试论节目主持人》　壮春雨

《电视节目解说词写作》　温化平

《电影艺术词典》　许南明主编

《电视艺术辞典》　王云缦、果青、张掮中主编

《真相与造像》　胡智锋、江逐浪

《中央电视台年鉴》

《中国广播电视年鉴》

《电视研究》

《现代传播——北京广播学院学报》

《中国广播电视学刊》

参考电视片目

《沙与海》　康健宁

《最后的山神》　孙曾田

《藏北人家》　王海兵

《深山船家》　王海兵

《回家》　王海兵

《远在北京的家》　陈晓卿

《龙脊》　陈晓卿

《西藏的诱惑》　刘郎

《方荣翔》　祝丽华

《壁画后面的故事》　祝丽华

《半个世纪的爱》　郑鸣

《雕塑家刘焕章》　中央电视台

《山洞里的村庄》　郝跃骏

《重逢的日子》　上海电视台

《潜伏行动》　冷冶夫

《朝阳与夕阳的对话》　程捷

《早春》、《雨》、《桥》　伊文思

《丝绸之路》　中日合拍

《话说长江》　中日合拍

《话说运河》　中央电视台

《让历史告诉未来》　中央电视台

《望长城》　中央电视台

《世纪行》　中央电视台

《广东行》　中央电视台

《毛泽东》　中央电视台

《伟人周恩来》　中央电视台

《中华之剑》　中央电视台

《苏园六记》　刘郎

《英与白》　张以庆

《幼儿园》　张以庆

《北京的风大吗》　睢安奇

《复活的军团》　北京科影厂

《狙击手》　北京科影厂

《寻找彭加木》　北京科影厂

《圆明园》　金铁木　北京科影厂　广西电视台

《故宫》　中央电视台

《大国崛起》　中央电视台

《复兴之路》　中央电视台

《森林之歌》　中央电视台

再 版 后 记

大概是去年 9、10 月份，出版社编辑让我将《电视专题》一书修订后再版。

应该说，这是符合时代发展的。《电视专题》1997 年出版，至今已经整整十年，这十年里，人类从 20 世纪进入了 21 世纪，世界和中国社会发生了很大变化，影视业突飞猛进，从创作到产业都取得了很大成绩。

就电视专题与纪录片而言，经过多年探索和实践，创作观念与创作手法都有很多突破，更加灵活多样，在 20 世纪 70、80 年代说教式的画面配解说与 90 年代纪实一统天下之后，呈现出多元化的局面。一些以前被认为是专题和纪录片创作禁忌的手法也都粉墨登场，而且成为时尚，比如搬演、情景再现。由于数字影像生成技术的出现，传统的影视制作方式受到巨大冲击，因此，甚至连专题与纪录片的存在根基——真实——都遭遇到前所未有的挑战。关于真实本身，人们的理解也更加立体而多元，除了通常意义上的现象真实、审美真实与本质真实，从后现代的角度，真实不过是各种碎片以及碎片的集合，林达·威廉姆斯则认为纪录片是没有记忆的镜子。

与之相关联，是大量优秀作品的问世。新世纪前后到今天，《英与白》、《幼儿园》、《幼童》、《北京的风大吗》、《复活的军团》、《圆明园》、《再说长江》、《新丝绸之路》、《大国崛起》、《故宫》、《森林之歌》，等等，你方唱罢我登场，荧屏可谓色彩缤纷、琳琅满目。

修订中，除去一些片例的增删，大的方面，《创作观念》一章增加了"故事化"一节，其中包括过去时专题与历史文化类纪录片常用的情景再现；《纪实风格》一章增加了"纪实、生命与诗意"、"纪实与影视艺术"两节，后者着重探讨数字影像生成技术背景下，专题与纪录片的立身根本——真实——的问题。

由于时间匆匆，加之我认为修订是一件远较新写一本书麻烦得多的事，所以，修订中多有遗漏，还望读者见谅。

最后，十分感谢编辑们的辛勤劳动。

周 文
2008 年 4 月 2 日